Der Autor

Gerd Köhler studierte an der Technischen Universität München Maschinenbau und arbeitete als Lehrer an einer Technikerschule und als Entwicklungsingenieur in verschiedenen Unternehmen. Seit 1982 ist er Schüler der tibetischen Meditationsmeister Chögyam Trungpa Rinpoche und Sakyong Mipham Rinpoche. Gerd Köhler lebt in Hamburg.

Gerd Köhler

Neu denken, frisch wahrnehmen

Impressum
Gerd Köhler, Garbestr. 3, 20144 Hamburg
gerd.koehler@online.de

Inhalt

Vorwort

Wahrnehmen ist Kommunikation mit der Welt. Die Vorstellung, dass bei diesem lebendigen Austausch die materielle Welt nicht nur beteiligt, sondern auch selbst lebendig ist, hat in der Menschheitsgeschichte eine lange Tradition. Indigene Völker betrachten heute noch nicht nur Menschen, Tiere und Pflanzen als belebt, sondern auch Licht, Luft, Wasser und Steine. Mit dem Siegeszug der Naturwissenschaften ist diese Vorstellung fast völlig verdrängt worden.

Die Quantenphysik hat diese Lebendigkeit nun wieder entdeckt und beschreibt Materie als Abfolge von lebendigen, schöpferischen Prozessen. Diese Prozesse folgen einem grundlegenden Muster und erschaffen nicht nur die materielle Welt, sondern auch alles was ich wahrnehme, denke und fühle in jedem Augenblick frisch und neu. Diese ganzheitliche Sichtweise auf eine lebendige Wirklichkeit gibt uns nicht nur Orientierung und Hilfe im Alltag, sondern bietet auch die Chance für einen Brückenschlag zwischen Naturwissenschaften und Religionen.

In den ersten Kapiteln meines Buches geht es um unsere wahrgenommene und erlebte Welt, danach um die Lebendigkeit der materiellen Welt. Die grundlegenden Muster beider Welten werden graphisch dargestellt im sogenannten *Quantenmodell*. Bei der Entwicklung dieses Modells habe ich mich u.a. auch bezogen auf die Aussagen des bekannten Quantenphysikers Prof. Dürr, dessen Bücher und Vorträge mich sehr inspiriert haben. Eine weitere wichtige Inspirationsquelle waren die Lehren des tibetischen Buddhismus, mit denen ich seit 1982 verbunden bin, und die auch Grundlage meiner Meditationspraxis sind. An dieser Stelle geht mein Dank insbesondere an meine Lehrer Chögyam Trungpa Rinpoche und Sakyong Mipham Rinpoche, deren Weisheit Hilfe und Ansporn für mich waren.

Im Text habe ich ab und zu die Regeln der deutschen Rechtschreibung ganz bewusst *kreativ umgangen,* und z.B. Begriffe nicht groß sondern *klein und kursiv* geschrieben. Damit will ich deutlich machen, dass diese Begriffe nicht für Dinge stehen, sondern Ausdruck sind für lebendige Prozesse.

1

Magisch

Erleben passiert ständig, ohne dass ich mich dabei anstrengen muss. Die Natur hat mich mit Augen, Ohren, Nase, Zunge und sensibler Haut ausgestattet, den fünf Sinnesorganen. Aber es geht auch ohne diese fünf, z.B. wenn ich träume. Auch im Traum kann ich Menschen sehen und Musik hören, ohne dass dabei meine Augen oder meine Ohren beteiligt sind. Erleben hat viele Aspekte, ist enorm vielschichtig und manchmal sogar irgendwie magisch.

In meiner Kindheit war für mich unser altes Radio ein magischer Kasten. Da kam Musik raus, und ich fragte mich damals oft, wo die wohl herkam. Eines Tages kroch ich neugierig hinter das Radio. Da war diese Rückwand mit vielen Löchern, durch die ein geheimnisvolles, rötliches Licht strömte. Ich spähte voller Erwartung durch eins der Löcher, und da war es: das ganze Orchester mit winzig kleinen Musikern, eingetaucht in ein sanft glühendes Licht. Die machten diese wunderbare Musik. Ich hatte ein Geheimnis entdeckt und fühlte, dass es mein ganz persönliches Geheimnis war. Ich lauschte mit geschlossenen Augen. Die Musik war so klar und so brillant, die Töne fast greifbar. Sie schienen wie schwerelos durch den Raum zu schweben. Die Musik umströmte mich, und ich fühlte mich reich beschenkt und glücklich.

Es ist nun schon sehr lange her, aber wenn ich an den Augenblick von damals hinter dem Radio denke, blitzt ein Geschmack von diesem Erleben wieder auf. Ich spüre, dass da eine tiefe Sehnsucht ist, und das Gefühl kommt auf, dass die Magie solcher Augenblicke die wirkliche Erfüllung im Leben sein könnte.

2

Wo kommen die Töne her?

Natürlich habe ich schnell herausbekommen, dass das Orchester nicht wirklich hinten im Radio sitzt, und dass das geheimnisvolle, rötliche Licht vom Glühen der Röhren stammt. Später habe ich dann gehört, dass die Töne aus dem Lautsprecher kommen. Aber dann taucht sofort die Frage auf, wie sie denn da hineinkommen. Heute kann ich viele Details nachlesen in Fachbüchern über Radiotechnik. Man findet da Abhandlungen über Radiowellen, die vom Sender ausgestrahlt und über die Antenne des Radios empfangen werden. Die Signale werden vom Verstärker im Radio zum Lautsprecher geleitet, wo dann die Membran des Lautsprechers zum Schwingen gebracht wird. Dann sagen wir, dass die Musik aus dem Lautsprecher kommt. Aber stimmt das wirklich? Ist es vielleicht nur einfach schwingende Luft, die vom Lautsprecher erzeugt wird? Diese Luftschwingungen treffen dann auf mein Ohr, werden in elektrische Impulse umgewandelt und zum Gehirn weitergeleitet. Aber wie kann aus diesen elektrischen Impulsen ein wahrgenommener Ton werden? Da hat die Wissenschaft noch keine wirkliche Erklärung geliefert. Und weil ich dazu auch keine Antwort habe, bleibe ich neugierig und stelle weitere Untersuchungen an. Ich setze mich einfach vor meine Stereoanlage, lege eine CD mit guter Musik ein und lausche. Und wenn ich einfach nur lausche, kann ich feststellen, dass die Töne tatsächlich *nicht* aus den Lautsprechern kommen. Ich höre das Orchester weiter entfernt von mir, die Geigen von vorne links, die Bläser höre ich in der Mitte und die Pauken weiter hinten links. Die ganze Musik spielt irgendwo vor mir. Ich erlebe das Orchester wie in einem Konzertsaal mit großartiger Akustik. Ich höre nicht nur die Töne, sondern auch die Stille zwischen den einzelnen Sätzen. Ich erlebe auch den Raum, in dem das Orchester spielt. Diesmal sitzt das Orchester nicht hinten im Radio, sondern direkt vor mir, wie im Konzertsaal. Jetzt könnten Sie einwenden, dass das bloß eine schöne Täuschung ist, nicht wirklich real. Und diese Täuschung ist nur deshalb so wirkungsvoll, weil ich viel Geld für eine gute Stereoanlage ausgegeben habe. Wenn ich im Konzertsaal sitzen würde, wäre das real. Aber auch wenn ich wirklich im Konzertsaal sitzen würde, bleibt die Frage weiterhin offen: Wo entsteht der Ton? Kommt der Ton von der schwingenden Saite der Geige oder macht die schwingende Saite nur Luftschwingungen, die dann erst in meinem Erleben zu einem Ton werden?

Zu diesem Thema haben sich schon viele Menschen Gedanken gemacht, z.B. mit folgender Fragestellung: Im Urwald von Brasilien steht ein alter Baum. Stellen wir uns vor, dass sich im Umkreis von vielen Kilometern kein Mensch und kein Tier aufhält. Der Baum ist altersschwach und stürzt plötzlich um. Gibt es da ein Krachen?

Ich lasse diese Frage einfach mal so im Raum stehen und wende mich zunächst mal einer einfacheren Frage zu. Was ist alles nötig, damit ich etwas hören kann? Es soll eine ganz einfache Aufzählung der Voraussetzungen werden, in ungeordneter Reihenfolge und ohne irgendeine Bewertung.

Um Musik aus meiner Stereoanlage zu hören, muss ich die Anlage einschalten und die CD einlegen. Vorher brauche ich dann noch Strom aus der Steckdose. Dazu muss irgendwo ein Kraftwerk den Strom erzeugen. Wenn der Strom aus einem Gaskraftwerk kommt, muss das Gas durch eine Pipeline zum Kraftwerk geleitet werden. Zum Betreiben der Pipeline und des Kraftwerks sind jetzt gerade Ingenieure und Arbeiter tätig, und nur deshalb habe ich jetzt den Strom für meine Stereoanlage.

Was brauche ich sonst noch, um Musik zu hören? Natürlich meine Ohren, zwei intakte Trommelfelle und eine Nervenleitung zum Gehirn. Selbstverständlich muss ich lebendig sein, und das verdanke ich neben vielen anderen Umständen auch der Tatsache, dass sich meine Eltern getroffen haben, eine hoffentlich romantische Nacht verbracht haben, und ihre Erbanlagen an mich weitergegeben haben. Ich bin in meiner Jugend an klassische Musik herangeführt worden, und deshalb habe ich eine CD mit einem Klavierkonzert von Mozart eingelegt. Wenn ich jetzt die Starttaste drücke, kann ich das Konzert hören, aber nur dann, wenn alle Voraussetzungen, die ich eben aufgezählt habe, erfüllt sind. Diese Voraussetzungen machen es nicht nur möglich, sondern jede einzelne dieser Voraussetzungen ist zwingend notwendig, damit ich das Konzert hören kann. Ohne Trommelfell kein Hören, ohne Strom kein Hören, ohne Eltern kein Hören... Jede einzelne Bedingung muss erfüllt sein, damit ich jetzt hören kann. Und ich habe hier nur ganz wenige Voraussetzungen aufgezählt. In Wahrheit sind es Tausende und Abertausende von Bedingungen, die alle erfüllt sein müssen, damit ich hier das Konzert hören kann. Die CD muss aufgenommen und verkauft worden sein. Die Musiker müssen ihr Instrument gelernt haben, die Geigen müssen gebaut worden sein. Dazu müssen Bäume gewachsen und gefällt worden sein... Wenn Sie wollen, können Sie hier kurz innehalten und selbst noch ein paar Bedingungen herausfinden, die zwingend nötig sind, damit Sie Musik aus Ihrer Stereoanlage hören können. Wenn Sie diese Überlegungen für ein paar Minuten machen, können Sie leicht bei Adam und Eva landen, oder wenn Sie es mehr mit der Wissenschaft halten, beim Urknall.

Doch es geht hier nicht um eine historische Betrachtungsweise nach dem Motto: Weil der Urknall stattgefunden hat, existiert diese Welt, und weil diese Welt sich so entwickelt hat, kann ich heute auch Musik von einer CD hören. Diese Betrachtung hier bezieht sich genau auf diesen Augenblick, in dem ich die Musik erlebe. Genau in diesem Moment schwingen meine Trommelfelle, die aus organischen Molekülen bestehen. Diese Moleküle enthalten Kohlenstoffatome, die bei der Explosion von einem Riesenstern im Universum entstanden sein sollen und dann nach einer Reise durch das Weltall hier auf der Erde gelandet sind. Ich könnte also sagen, dass meine Trommelfelle jetzt aus dem Sternenstaub dieses Riesensterns bestehen, und dieser Sternenstaub schwingt *jetzt*, genau in dem Augenblick, wo ich den Ton höre.

Sie mögen sich jetzt vielleicht fragen, was dieser kleine Denkausflug soll. Ist das nicht nur sinnlose Hirnakrobatik? In der Praxis reichen doch zwei Bedingungen, nämlich die CD einzulegen und zu starten. Das ist eine sehr pragmatische Annäherung, die im Alltag ja auch gut funktioniert. Es ist auch gar nicht die Idee, dass wir ständig über die Vielzahl der Bedingungen nachdenken sollten, denn dann kämen wir vor lauter Denken nicht mehr zum Leben. Es kann jedoch hilfreich sein, es in einer ruhigen Stunde einmal zu tun. Dann merkt man, dass in unserer Welt sehr vieles zusammenhängt, dass unser Leben sehr komplex ist. Manchmal findet man beim Nachdenken auch humorvolle Situationen, wenn man sich z.B. fragt, was wohl dazu geführt haben könnte, dass unsere Eltern gerade in dieser, für uns so entscheidenden Nacht, romantische Gefühle bekommen haben. Vielleicht haben sie sich ja vorher gerade gestritten, und diese Nacht hat sie wieder miteinander versöhnt. Wir können auch sehen, wie viele sogenannte Zufälle dazu geführt haben, dass wir jetzt hier sind und das tun, was wir gerade tun. Zu wissen, dass es immer sehr viele Bedingungen gibt für das, was wir gerade jetzt erleben, kann wirklich hilfreich sein. Wir sehen eine größere Welt, und diese Welt ist auf wundersame Art und Weise vernetzt. Wenn wir uns das vor Augen führen, steigt vielleicht unsere Neugier auf das, was nun als Nächstes kommt. Wir erleben vielleicht das, was wir gerade erleben mit größerer Wertschätzung. Manchmal sehen wir auch, dass viele dieser Bedingungen uns einfach auf wundersame Weise zugefallen sind. Wir sind z.B. vor vielen Jahren an einem Café vorbeigegangen und bekamen Lust auf einen Kaffee. Und wen treffen wir da? Eine alte Schulfreundin, die wir seit Ende der Schulzeit nicht mehr gesehen hatten… Nun sind wir schon sehr lange mit dieser Frau verheiratet und die Kinder alle schon aus dem Haus. Unser Leben wäre bestimmt anders verlaufen, wenn wir damals an jenem Tage nicht in dieses Café, sondern in das Café nebenan gegangen wären.

Diese Kontemplation über die vielen Bedingungen, die nötig sind für das, was wir gerade erleben, kann vielleicht auch bei ganz alltäglichen Situationen hilfreich sein. Oft denken und handeln wir so, als ob es nur *eine* Ursache gäbe. Unser Partner hat schon wieder den Müll nicht runter gebracht, obwohl wir ihn extra darum gebeten hatten. Wir werden wütend und haben gleich auch den einen Schuldigen für unsere Wut. Dann poltern wir los und brechen einen handfesten Streit vom Zaun mit dem Resultat, dass wir beide leiden.

3

Der Reichtum des Universums

Mit dem Urknall soll alles vor ca. 13,7 Milliarden Jahren angefangen haben. Seitdem expandiert das Universum, die Galaxien driften mit rasendem Tempo nach außen. Zunächst nahm man an, dass diese Bewegung vom Punkt des Urknalls ausgehend nach außen gerichtet sei. Neuere Messungen haben jedoch ergeben, dass dies nicht der Fall ist. Die Bewegungen der Galaxien gehen nicht von einem gemeinsamen Ursprung, einem Mittelpunkt, aus. Und so lassen die Wissenschaftler heute die Frage nach einem Mittelpunkt des Universums entweder offen, oder sagen, dass der Mittelpunkt in jedem beliebigen Punkt des Universums liegen kann.

Wenn der Mittelpunkt des Universums überall liegen kann, dann könnte ich für mich den Mittelpunkt ja auch an den Ort legen, wo ich gerade bin. Ich sitze hier, vor mir mein Laptop, hinter mir mein Bücherregal, rechts von mir hängt ein Bild an der Wand, links von mir steht die Schreibtischlampe, über mir ist die Zimmerdecke und unter mir der Fußboden. Dies ist der Ort, an dem ich mich befinde, und um mich herum mein kleines Universum. Ich bin also im Mittelpunkt dieses Universums aus Laptop, Bücherregal, Bild, Schreibtischlampe, Decke und Fußboden. Und wenn ich jetzt aufstehe und in die Küche gehe, bin ich in einem neuen, kleinen Universum. Und auch hier bin ich im Mittelpunkt, diesmal im Mittelpunkt von Herd, Küchentisch, Kühlschrank und Küchenfenster. Wo immer ich hingehe, erlebe ich ein neues Vorne, Hinten, Rechts, Links, Oben und Unten. Ich erlebe immer eine neue Umgebung, und jedes Mal bin ich im Mittelpunkt dieser erlebten Welt, dieses erlebten Universums. Wenn ich nachts am Meer spazieren gehe, kann ich sicherlich ein weit größeres Universum erleben. Dann umfasst mein Universum auch Mond und Sterne und ferne Galaxien. Die erlebe ich dann über mir, den festen Boden unter mir, links der Deich, rechts von mir das Meer und vor und hinter mir erstreckt sich der weite Strand, auf dem ich gehe, ein wirklich großes Universum. Dieses subjektiv erlebte Universum ist wundervoll und einzigartig, und es umfasst weit mehr als nur meine Wahrnehmungen. In diesem erlebten Universum gibt es neben meiner wahrgenommenen Welt auch noch die Welt meiner Gedanken, Gefühle und Träume. In Träumen kann ich auch am Meer spazieren gehen, Mond und Sterne über mir, der Deich links von mir, das Meer rechts und der weite Strand vor und hinter mir.

Und auch hier, im Traum, fühle ich mich im Mittelpunkt meines erlebten Universums.

Wenn ich jetzt sagen würde: *Ich bin der Mittelpunkt des Universums*, dann könnten Sie sicherlich denken: Es geht doch nichts über einen gepflegten Größenwahn. Aber hier bezieht sich der Begriff Mittelpunkt nicht auf die Frage, ob ich bedeutend und wichtig bin, sondern einfach darauf, dass ich meine Welt um mich herum ganz persönlich erlebe. Mein erlebtes Universum aus Wahrnehmungen, Gedanken, Gefühlen und Träumen ist einfach da, es ist ungeheuer vielfältig und unermesslich reich. Wie groß dieser Reichtum wirklich ist, wird schnell klar, wenn ich mir vorstelle, was ich alles nicht hätte, wenn ich z.B. blind wäre. Aber selbst dann würde mein erlebtes Universum immer noch vor Reichtum überquellen. Dieser Reichtum steht mir immer und überall zur Verfügung, ich muss nur wirklich hinschauen, anfangen, mich wirklich für mein wahrgenommenes Universum zu interessieren. Wahrnehmen bedeutet *wahrnehmen* und so denke ich, dass es im *wahr-nehmen* auch Wahrheiten zu finden gibt. Ich werde also in den folgenden Kapiteln genauer in meine Wahrnehmungen schauen und versuchen, die offensichtlichen und die verborgenen Wahrheiten zu finden.

4

Ich sehe was, was du nicht siehst

Wie beim Hören braucht es auch bei den anderen Wahrnehmungen bestimmte Bedingungen. Beim Sehen brauche ich z.B. Licht, meine Augen müssen in Ordnung sein und die Sehnerven müssen die Signale in die richtigen Hirnareale weiterleiten. Ähnlich wie beim Hören muss also auch beim Sehen eine Vielzahl von Bedingungen zusammentreffen, damit ich etwas sehe. Nicht zuletzt muss ich zum Sehen die Augen aufmachen. Dann kann ich z.B. meinen Freund sehen, der mir am Tisch gegenüber sitzt. Wenn ich dann meinen Blick ein wenig entspanne, sehe ich aber nicht nur meinen Freund, sondern gleichzeitig mit meinem Freund auch den Tisch, an dem wir sitzen und die Gläser auf dem Tisch. Ich sehe die Wand des Wohnzimmers hinter meinem Freund und das Bild an der Wand, das vom Kopf meines Freundes halb verdeckt ist. Wenn ich jetzt meinen Freund bitten würde zu sagen, was er sieht, dann könnte er vielleicht sagen: *Ich sehe dich vor mir sitzen, den Tisch mit den Gläsern und hinter dir die Wand des Zimmers.* Das hört sich so ähnlich an wie meine Darstellung, ist aber in wichtigen Punkten doch anders. Ich sehe meinen Freund vor mir sitzen, sehe sein Gesicht. Er sieht sein Gesicht nicht, aber dafür meines und die Wand hinter mir, die ich nicht sehe. Wir sind zwar im selben Raum, aber jeder sieht eine andere Welt. Ich kann sogar noch weiter gehen und sagen, dass ich der Einzige bin, der jetzt dieses Panorama so sieht. Niemand im ganzen Universum sieht es so, wie ich es gerade sehe. Und das trifft nicht nur auf diese Situation zu. Alles was ich sehe, ist in dieser Form nur für mich zu sehen, exklusiv nur für mich, also ganz einzigartig. *Ich sehe was, was du nicht siehst...* haben wir als Kinder gern gespielt. Und diese Aussage stimmt tatsächlich. Niemand kann genau das sehen, was ein anderer gerade sieht.

Und dann gibt es da noch eine Tatsache, über die wir uns häufig nicht im Klaren sind. Wenn ich z.B. sage, dass ich gerade meinen Freund sehe, dann ist das nur die halbe Wahrheit. Wie ich eben schon erwähnt habe, sehe ich zusammen mit meinem Freund auch die Wand und das halb verdeckte Bild an der Wand, den Stuhl, auf dem er sitzt. Ich kann meinen Freund gar nicht ohne die Wand und ohne den Stuhl sehen. Und wenn ich dann meinen Blick ein wenig weiter wandern lasse, dann kann ich feststellen, dass kein Ding in meiner Welt allein zu sehen ist. Wenn ich den

Stuhl anschaue, auf dem mein Freund sitzt, dann sehe ich gleichzeitig auch den Teppich, auf dem der Stuhl steht. Ich kann das Gesicht meines Freundes nicht sehen, ohne auch seinen Hals zu sehen, seine Hand nicht ohne seinen Arm. In meiner gesehenen Welt hängt alles mit allem zusammen. Ich kann nicht ein einziges Teil meiner gesehenen Welt allein sehen. Und wenn ich nun die Augen schließe, ist diese ganze gesehene Welt verschwunden. Und wenn ich dann die Augen wieder öffne, ist sie auf einen Schlag wieder da. Die Welt ist sozusagen gerade in diesem Augenblick in meiner Wahrnehmung frisch aufgetaucht. Ist das nicht phantastisch? Und ich habe mich dafür nicht einmal anstrengen müssen. Ich muss nur die Augen öffnen und diese ganze farbenprächtige Welt springt heraus wie das Kaninchen aus dem Hut des Magiers.

5

Die Achterbahn

Wenn ich die Welt mit Menschen, Häusern, Autos, und Bäumen sehe, müssen viele Bedingungen erfüllt sein. Sind alle Voraussetzungen erfüllt, erlebe ich meine farbenprächtige Welt. Wenn ich z.B. mein Fahrrad anschaue, das ich gerade vor dem Supermarkt abgestellt habe, dann besteht für mich kein Zweifel, dass es jetzt da steht. Ich bin ja gerade damit hierher geradelt. Dass mein Fahrrad mit solidem Rahmen aus Aluminium, Rädern, Sattel und Lenker dort jetzt vor dem Supermarkt steht, ist eine notwendige Bedingung, dass ich es jetzt sehen kann.

Wenn ich aber nun ein Foto von meinem Fahrrad mache, und dieses Foto zu Hause auf meinem Laptop anschaue, sehe ich auch mein Fahrrad. Aber diesmal brauche ich kein Fahrrad mit einem soliden Alurahmen als Bedingung, um es zu sehen, es reichen eine Menge verschiedenfarbiger Leuchtpunkte auf dem Bildschirm meines Laptops.

Wenn ich nun am Abend ins Bett gehe und im Traum auch wieder mein Fahrrad sehe, brauche ich weder das solide Fahrrad noch die vielen Leuchtpunkte auf dem Bildschirm. Trotzdem erscheint das Bild von meinem Fahrrad in meinem Traum. Es entsteht ohne eine materielle Grundlage, und mein Bild vom Fahrrad ist natürlich ebenfalls nicht materiell. Aber ich sehe es, oder besser gesagt: ich erlebe, dass ich es sehe. In meinem Traum ist das Fahrrad Teil einer Welt mit Straße, Autos und Menschen. Ich kann diese Welt im Traum genauso klar und lebendig erleben wie im wirklichen Leben.

Ich erlebe in diesen drei Beispielen also jedes Mal eine Bilderwelt mit meinem Fahrrad und der Umgebung dazu. Obwohl die Bedingungen für jede der drei gesehenen Welten sehr verschieden sind, ist das Resultat in allen drei Fällen ziemlich gleich. Ich weiß nicht, wie es entsteht, aber ich weiß, dass es entsteht. Ich erlebe es. Das Bild ist ja in allen drei Fällen da. Es ist eine Bilderwelt, die entsteht und vergeht und auch ohne die sogenannte solide Welt da draußen sehr lebhaft und lebendig sein kann, wie z.B. im Traum. Es gibt natürlich neben den Gemeinsamkeiten der drei gesehenen Welten auch Unterschiede. So kann ich z.B. mit dem Fahrrad auf dem Bildschirm nicht zum Supermarkt fahren, während ich mit meinem Fahrrad im Traum eine wunderbare Radtour machen könnte. Ich könnte mich sogar auf meinem Traumfahrrad in die Lüfte erheben und hoch über Wiesen und Felder dahin radeln.

Früher gab es auf dem Dom, dem großen Jahrmarkt in Hamburg, dieses halbkugelförmige 3D-Kino, in dem mit mehreren Projektoren Kurzfilme auf eine gebogene Leinwand projiziert wurden: Flüge mit dem Hubschrauber durch den Grand Canyon oder Fahrten mit der höchsten Achterbahn der Welt. Ich bin da immer gern reingegangen.

Ich stehe in der Mitte des kuppelförmigen Zeltes und schaue auf die halbkugelförmige Leinwand vor mir. Wenn der Wagen der Achterbahn dann langsam hochgezogen wird, sitze ich bereits schon drin. Die Spannung in mir steigt. Am höchsten Punkt angekommen, schaue ich in den Abgrund und schaudere. Und dann geht es beinahe im freien Fall in die Tiefe. Ich höre das Kreischen der Menschen und mein Magen rebelliert. Alles wie in der richtigen Achterbahn. Wenn es mir zu viel wird, schließe ich für einen Moment die Augen, und schlagartig ist auch das flaue Gefühl im Magen weg. Dann öffne ich die Augen und bin schon wieder in der Achterbahn. Wenn ich dann mal zur Seite schaue auf die Leute neben mir im Kinozelt, dann sehe ich auch etwas Interessantes. Die Zuschauermenge wogt wie die Ähren eines Kornfeldes im Wind, mal alle nach rechts und mal alle nach links. Ihre Körper folgen jeder Kurve, die die Achterbahn macht.

Die Erfahrung im 3D-Kino oder das Erleben in meinen Träumen zeigt mir, dass ich Bilderwelten und Gefühlswelten lebendig und stark erleben kann, auch wenn keine solide Welt als Grundlage vorliegt. Dieses Erleben fühlt sich für mich dennoch wahr an. Ich habe unbestreitbar im 3D-Kino dieses flaue Gefühl im Magen. Was mich bei solchen Erlebnissen wirklich fasziniert ist, dass ich unter Mithilfe von ein paar Lichtpunkten auf einer Leinwand eine so lebendige Bilder- und Gefühlswelt erleben kann, die sogar meinen Magen zum Mitmachen zwingt. Gleichermaßen faszinierend ist es auch, dass ich intensive Bilder- und Gefühlswelten erleben kann, wenn ich träume. Im Traum wären bei einer tollkühnen Achterbahnfahrt mit flauem Magen nicht einmal flimmernde Lichtpunkte eines 3D-Kinos als Auslöser nötig.

6

Absolut und relativ

Wahrnehmen ist etwas, das uns allen als Menschen in die Wiege gelegt wurde. Die Natur hat uns alle mit dieser wunderbaren Fähigkeit ausgestattet. Ich muss es nicht lernen, es ist einfach da. Es funktioniert prächtig, und ich muss mich dabei nicht einmal anstrengen. Wenn alle notwendigen Bedingungen zusammenkommen, kann ich gar nicht anders als sehen, hören, riechen, schmecken und tasten. Wahrnehmen ist meine Grundausstattung als Mensch und passiert automatisch. Das ist ein bisschen so wie bei der Schwerkraft. Wenn ich auf der Erde stehe und einen Stein in meiner Hand loslasse, dann bleibt dem Stein nichts anderes übrig, als nach unten zu fallen. Und so ist es auch beim Wahrnehmen. Wenn Licht da ist, meine Augen in Ordnung sind, ich nach vorne schaue und mit meinen Gedanken nicht ganz woanders bin, kann ich gar nicht anders: Sehen passiert einfach.

Mein Freund, der auf mich zukommt, erscheint in meinem Erleben. Vielleicht nicht sofort, aber spätestens, wenn ich ihn sagen höre: *Hallo, schön dich zu treffen.*

Wahrnehmen ist ein blitzschneller Prozess. Wenn ich meine Augen öffne, dann ist, schneller als ein Wimpernschlag, das vollständige Bild da: Raum, Menschen, Häuser, Autos und Bäume mit klaren Konturen und prächtigen Farben. Es gibt keine Wahl. Ich muss wahrnehmen, ob ich will oder nicht. Begleitet von einem Feuerwerk von elektrischen Impulsen in den Nervenzellen des Gehirns erlebe ich all diese Formen und Farben und den Raum, in dem Häuser und Menschen und Autos und Bäume zu sehen sind. Das funktioniert so im Alltag, im Kino und auch im Traum. Besonders kreativ scheint mir dabei das Traumerleben zu sein, wo mir sowohl wunderschöne Menschen als auch schreckliche Monster begegnen können.

Kreativ und blitzschnell. Eine Wahrnehmung folgt der nächsten: Formen, Farben, Töne, Gerüche, ein Gedanke, eine Gedankenkette, ein kurzer Ärger, ein Schmerz im rechten Knie… Insbesondere bei Gedankenketten habe ich manchmal das Gefühl, dass die Gedanken wie ein gewaltiger Wasserfall herunter rauschen. Es gibt aber auch Zeiten, wo ich meine Gedanken und Wahrnehmungen eher wie einen ruhigen, breiten Strom erlebe oder manchmal noch langsamer.

Vor einiger Zeit stieß ich beim Abräumen des Frühstückstisches aus Versehen gegen meine Teekanne. Sie kam ins Kippen und fiel dann über die Tischkante. Ich erschrak - und dann sah ich es: Die Teekanne fiel plötzlich in Zeitlupe, und fiel und fiel und fiel... Und dann sah ich meinen Fuß, wie er sich auch wie in Zeitlupe nach vorne bewegte. Dann das glückliche Zusammentreffen: Der Fuß war da, bevor die Kanne auf dem Boden aufschlug. Die Kanne landete wie in Zeitlupe sanft auf meinem Fuß und rollte von dort auf den Fußboden und blieb heil. Dann schaltete meine Wahrnehmung wieder von Zeitlupe auf Normalzeit.

Egal ob schnell oder langsam, eine Wahrnehmung folgt der nächsten, ein Gedanke dem nächsten und dazwischen, bunt eingestreut, Gefühle und Emotionen. Aufgereiht wie an einer Perlenkette erlebe ich diese nicht enden wollende Prozession. Zweifelsohne ist diese Kette von Wahrnehmungen, Gedanken und Gefühlen da, und jede einzelne Wahrnehmung, jeder einzelne Gedanke und jedes einzelne Gefühl wird in dieser Form nur von mir so erlebt. Kein anderes Lebewesen im ganzen Universum erlebt in diesem Augenblick exakt genau dasselbe, was ich gerade erlebe. Die Umgebung vor meinem Fenster wird so in dieser Form von niemandem gerade genau so gesehen.

Alle meine Wahrnehmungen, meine Gedanken und Gefühle werden in ihrer einmaligen Form immer nur von einem Einzigen, nämlich von mir, so erlebt.

Was aber meint *von mir?* Wahrnehmen, Denken und Fühlen passiert offensichtlich, aber was kann man über einen Wahrnehmenden, Denkenden und Fühlenden sagen? Diese Frage könnte Grundlage sein für eine philosophische Debatte, aber ich möchte sie hier als Einladung verstehen zu einem Blick in mein Erleben im Alltag. Da gibt es einerseits dieses ständig wechselnde Erleben: ich bin mal traurig, ich bin mal froh, ich bin mal hungrig, ich bin mal müde ... Traurigkeit, Heiterkeit, Hunger und Müdigkeit kommen und gehen, aber eins scheint zu bleiben. Als ich 10 Jahre alt war habe ich gesagt: ich bin traurig, ich bin froh, ich bin müde ... Als ich 20 Jahre alt war habe ich das genauso gesagt: ich bin traurig, ich bin froh, ich bin müde ... Unabhängig vom Alter und unabhängig vom Gemütszustand habe ich immer *ich bin* gesagt. Wenn ich in meinem bisherigen Leben immer wieder *ich bin* gesagt habe, worauf habe ich mich da bezogen? Es ist etwas, was sich über die Jahre nicht verändert hat, und was unabhängig zu sein scheint von dem *wie oder was* ich gerade erlebe.

Rupert Spira beschreibt das sehr poetisch in seinem Buch[03] *Alles verändert sich: Was kann ich also sein? Ich kann nicht alles sein, aber ich bin immer ich.* Und zusammen mit dieser unveränderlichen Grundlage *ich bin* kommen und gehen dann all die vielen verschiedenen Wahrnehmungen, Gedanken und Gefühle. Wenn ich also all meine interessanten und veränderlichen Erlebnisse anschaue, finde ich etwas Gemeinsames und Unveränderliches in all der Vielfalt: grundlegendes Erleben von Sein und grundlegendes Wissen, <u>dass</u> ich gerade etwas erlebe, und zwar unabhängig von dem, <u>was</u> auch immer da gerade aufgetaucht ist. Dieses grundlegende Sein und Wissen ist bei allen was wir erleben immer dabei: Und das ist keine Theorie sondern ist eine Erkenntnis, die jeder bestätigen kann, wenn er sich sein eigenes Erleben einmal genauer anschaut. Wenn man müde ist, ist man da und man weiß das. Und wenn dann die Müdigkeit aufhört, ist man da und man weiß das. Die Müdigkeit kommt und geht, unser grundlegendes Sein und Wissen bleibt. Dieses Sein und Wissen ist unsere unveränderliche Natur, auf die wir uns beziehen, wenn wir sagen *ich bin*.

Diese unveränderliche Natur und das ständig sich veränderliches Erleben werden im Buddhismus auch als absoluter und relativer Aspekt von Erleben bezeichnet. Absolut und relativ sind immer untrennbar miteinander verbunden.

Diese Verbundenheit ist nicht zu verstehen als Verbindung von zwei unabhängigen Teilen, die zusammengefügt oder auseinander genommen werden können. Hier ist die Verbundenheit von absolutem und relativem Erleben zu verstehen als ein lebendiger Prozess, bei dem die relativen, veränderlichen Aspekte ständig aus einer absoluten, unveränderlichen Quelle heraussprudeln. Es gibt nur den Gesamtprozess von relativ und absolut. Einzeln machen relativ und absolut überhaupt keinen Sinn.

Meistens sind wir allzu sehr fasziniert von den wechselnden, relativen Aspekten unseres Erlebens und übersehen den absoluten Aspekt, dieses grundlegende Erleben von einfach da sein und gewahr sein. Aber manchmal passiert es auch, dass in unserm Erleben unsere grundlegende Natur durchscheint, wie z.B. bei dem kleinen Erlebnis, was ich vor einiger Zeit an der Elbe hatte.

Ich sitze an der Elbe und schaue aufs Wasser. Ein kleiner Wasserwirbel taucht direkt vor mir auf. Das Wasser kreist immer schneller, beruhigt sich dann wieder etwas, um erneut schneller zu drehen. Ein kleines Holzstückchen fließt im trägen Wasserstrom heran, schwimmt direkt auf den Wasserwirbel zu, wird schneller, treibt wie von unsichtbaren Fäden gezogen direkt auf das drehende Auge des Wasserwirbels zu, zitternd als habe es Angst, gleich in die Tiefe gerissen zu werden.

Aber es kann seinem Schicksal nicht entkommen. Noch ein schneller Dreher und es verschwindet im Schlund des Wirbels. Ich bin neugierig, ob es vielleicht wieder auftaucht, und hebe meinen Blick ein wenig, um das Holzstückchen vielleicht wieder zu entdecken. Und da sehe ich plötzlich dieses wunderbare Spiel des Lichts: Wie Tausende und Abertausende von Diamanten glitzert es auf dem Wasser. Die kleinen Kämme der Wellen senden sprühende Funken aus, die von kleinen Lichtexplosionen zu stammen scheinen. Und dann taucht der gewaltige Bug des Schiffs in meinem Erleben auf. Majestätisch und stolz teilt der Bug des Schiffes das Wasser in zwei schimmernde Bugwellen. Für einen kurzen Moment bin ich fast überwältigt von dem Anblick. So majestätisch, so berührend, so persönlich, so lebendig und frisch. Es berührt mein Herz, ich empfinde Wertschätzung und Dankbarkeit. Und dann ist da auch noch diese Traurigkeit, die keinen Grund zu haben scheint. Ich habe geschaut und geschaut und geschaut... und dann habe ich gesehen - auch ein bisschen mit dem Herzen.

7

Wahrgenommene und gedachte Welt

Vor vielen Jahren habe ich einen Vortrag von Chögyam Trungpa über die *Vier Grundlagen der Achtsamkeit* gelesen, in dem es u.a. auch um Wahrnehmung ging. Der Vortrag fand in einem großen Zelt statt, und Trungpa sagte[01]: *Wir leben in einer gigantischen Welt des Geistes und sind noch so gut wie gar nicht zu ihr in Beziehung getreten. Diese ganze Welt - dieses Zelt hier und dieses Mikrofon, dieses Licht, dieses Gras, ja die Brille auf unserer Nase – ist vom Geist gemacht. Der Geist hat all das ausgedacht und verwirklicht. Jede Schraube, jede Mutter wurde von irgendjemandes Geist angebracht. Diese ganze Welt ist eine Geist-Welt, ein Produkt des Geistes.*

Ich erinnere mich, wie sich beim Lesen dieser Zeilen alles in mir sträubte, totale Rebellion. Das kann so nicht stimmen. Die Brille, die Bolzen und das Gras sind doch real da und keine Hirngespinste. Und dann las ich den nächsten Satz:

Ich bin sicher, dass jeder hier das weiß. Das brachte mich erst recht in Rage.

Diese Rebellion hat sich inzwischen gelegt. Ich verstehe heute die Sichtweise: Was ich in meiner Wahrnehmung erlebe, ist zunächst einmal nicht ein materielles Ding, sondern ein von meinem Geist geschaffenes Bild. Und nur über dieses Bild kann ich etwas sagen. Ich kann beschreiben, was ich erlebe. Auch wenn ich diese Sichtweise für richtig und hilfreich halte, erlebe ich es doch meistens anders. Ich vergesse, dass es eigentlich erlebte Bilder sind, und so wird dann der lebendige, kreative Prozess meiner Wahrnehmung ganz schnell zu einem soliden Ding.

Ich kann also zwei Welten unterscheiden, die erlebte Welt meiner Wahrnehmungen und die materielle Welt. Wenn sich z.B. ein Auto auf der Straße nähert, dann sehe ich zunächst ein von meinem Geist erschaffenes Bild von einem Auto. Gleichzeitig weiß ich aber auch, dass es jetzt nicht ratsam ist, auf die Straße zu treten, weil ich dann eine sehr schmerzhafte Begegnung mit der materiellen Welt des Autos erleben könnte. Es ist also immer gut, sich klar darüber zu sein, welche der beiden Welten gerade relevant ist.

Erlebte Welt und materielle Welt begegnen sich ständig im Leben. Wenn ich z.B. durch die Altstadt von Celle, der Stadt, in der ich aufgewachsen bin, bummele, und in einer der historischen Straßen der Innenstadt dann zu meiner Begleitung sage, dass da drüben ein schönes Fachwerkhaus steht, dann spreche ich von meiner ganz persönlichen Begegnung mit der materiellen Welt dieses Hauses. Das Resultat dieser Begegnung ist ein Bild von dem Fachwerkhaus, das in meinem Erleben auftaucht. Das Bild ist die Information, die ich brauche, damit ich sagen kann, dass das Haus da drüben auf der anderen Straßenseite steht. Die Wahrnehmung ist also zuerst da, die Vorstellung, dass das Haus ein solides Ding aus Balken und roten Ziegelsteinen ist, kommt nach dem gesehenen Fachwerkhaus. Das Haus ist als Bild also zuerst erlebt und dann als solides Ding gedacht.

Mein Geist hat das Bild vom Haus nicht nur farbig und detailliert hervorgebracht, sondern es auch noch im richtigen Abstand platziert, z.B. fünfzehn Meter vor mir. Wenn ich jetzt die Augen schließe und fünfzehn Schritte nach vorne mache, stoße ich tatsächlich auf die Hauswand. Mein Geist produziert also nicht irgendwelche Bilder, sondern arbeitet besonders intelligent und präzise, und zwar so, dass die erschaffenen Bilder in meiner gesehenen Welt mit der materiellen Welt in Einklang sind. Das ist äußerst praktisch, weil ich so mit der materiellen Welt auch sinnvoll umgehen kann. Ich kann dieses intelligente Zusammenspiel aber relativ einfach durcheinanderbringen, wenn ich z.B. mit einem Fernglas auf das Haus schaue. Dann entwirft mein Geist ein Bild, in dem das Fachwerkhaus nur in einer Entfernung von vielleicht drei Metern vor mir platziert wird. Wenn ich jetzt die Augen schließe und drei Schritte nach vorne mache, stehe ich mitten auf der Straße und nicht direkt vor dem Haus. Hat sich mein Geist jetzt bei der Erstellung des Bildes vom Haus geirrt? Ich denke nein. Denn das, was ich sehe, hängt immer ab von den Bedingungen, und die haben sich durch das Fernglas geändert. Man sagt, dass ein Fernglas das Objekt vergrößert, aber eigentlich verändert das Fernglas nur die Geometrie gemäß den Brechungsgesetzen der Optik, so dass das Licht nun von einem Objekt zu kommen scheint, das nicht fünfzehn Meter, sondern nur drei Meter vor mir steht. Und auf Grund dieser neuen Bedingungen platziert mein Geist nun das erlebte Bild vom Fachwerkhaus ganz korrekt in einer Entfernung von drei Metern.

Im täglichen Leben funktioniert das Zusammenwirken von gesehener und materieller Welt meistens ganz wunderbar. Wenn ich im Biergarten sitze und ein Glas Bier vor mir steht, dann erschafft mein Geist in diesem Augenblick ein herrliches Bild von einem frisch gezapften Bier. Dabei wird das Glas in dieser gesehenen Welt genau im richtigen Abstand platziert. Wenn ich meine Hand ausstrecke, um das Glas zu ergreifen, findet meine Hand das Glas auch genau dort, wo mein Geist das Bild vom Bierglas erschaffen hat. Es ist also ein gut abgestimmtes Miteinander der sogenannten materiellen Welt mit der gesehenen, erlebten Welt.

Möglicherweise ist diese Abstimmung etwas gestört, wenn mein Geist mir zu später Stunde plötzlich zwei Gläser erschafft, obwohl doch nur eins vor mir steht. Das ist dann wohl ein deutliches Signal, den schönen Abend zu beenden und ins Bett zu gehen.

8

Wahrnehmen ist wie ein Akkord

Ich habe im letzten Kapitel von den beiden Welten geschrieben, der erlebten und der materiellen Welt. Diese Trennung zu machen ist hilfreich, weil es dann einfacher wird, diese beiden Welten zu verstehen. Ich möchte mich in den folgenden Kapiteln schwerpunktmäßig weiter mit der erlebten Welt beschäftigen, also mit der Welt meiner Wahrnehmungen, Gedanken und Gefühle. In späteren Kapiteln will ich dann versuchen, einige Zusammenhänge zwischen dem materiellen und dem erlebten Universum aufzuzeigen. In den jetzt folgenden Kapiteln will ich kein durchgängiges Konzept vorstellen, sondern einfach ein paar Aspekte schlaglichtartig beleuchten, die mir geholfen haben, mein erlebtes Universum besser zu verstehen. Vielleicht löst das eine oder andere dieser Schlaglichter auch bei Ihnen einen frischen Einblick aus in Ihr eigenes erlebtes Universum.

Ich hatte einige Aspekte der Wahrnehmung schon erwähnt, z.B. dass *wahrnehmen* ein Prozess ist und dass es dazu jedes Mal tausende von Bedingungen braucht. Dann aber, wenn alle diese Bedingungen erfüllt sind, passiert *wahrnehmen* auf magische Weise ganz spontan. Und wenn ich jetzt genauer schaue, kann ich trotz der unglaublichen Vielfalt an Wahrnehmungen, Gedanken und Gefühlen drei grundlegende Aspekte erkennen, die bei jedem Erleben immer dabei sind: Offenheit, Lebendigkeit und Einzigartigkeit.

Diese drei kommen immer zusammen, wie ein Akkord. Es sind drei untrennbare Aspekte des Erlebens. Wenn ich z.B. sage, dass ich meinen Freund vor mir sehe, dann ist das nur ein Teil der Wahrheit. Zusammen mit meinem Freund nehme ich auch den Raum wahr, der den Kopf und den Körper meines Freundes umgibt, und den Raum, der sich hinter meinem Freund bis zur Wand des Fachwerkhauses auf der anderen Straßenseite erstreckt. Und dieser Raum schließt auch den Himmel über uns ein. Und in diesem Gefühl von Raum, in dieser Offenheit, die sich um mich herum und auch über mir erstreckt, tauchen nicht nur Bilder auf, sondern auch Geräusche. Das Knattern des Motorrades, das gerade hinter meinem Freund auf der Straße vorbei fährt, das Rufen eines Kindes auf der anderen Straßenseite, die Stimme meines Freundes, der mir gerade sein Leid klagt über die schwierige Beziehung mit seiner Freundin. Ich könnte diese erlebte Offenheit bei gesehenen Dingen als *Weite des Raums* bezeichnen und bei Geräuschen und Tönen als *Stille des Raums*. Die Offenheit, in der alle Formen, Farben, Töne und Gerüche ihren Platz haben, hat eine ganz eigene Qualität. Es fühlt sich so an, als ob dieser Raum alles, was auftaucht, einfach beherbergt. Und all das, was auftaucht, und die Offenheit, in der alles auftaucht, erlebe ich immer zusammen. Die Offenheit, das Raumgefühl, ist immer untrennbar mit dem Erlebten verbunden.

Der zweite Aspekt, der bei allem Erleben als Teil des Akkordes aufblitzt, ist Lebendigkeit. Lebendig zu sein bedeutet, in einem ständigen Prozess von Erneuerung zu sein. Wachsen und Vergehen und wieder neu Entstehen machen das lebendig-Sein aus. Wenn ich mein Erleben anschaue, dann passiert genau das ständig. Ich kann mich dem gar nicht entziehen. Eine Wahrnehmung folgt der nächsten, dazwischen eingestreut Gedanken und Gefühle. Ein unaufhörlicher Strom mit verschiedensten Inhalten. Falls ich versuche, diesen Fluss zu stoppen, merke ich schnell, dass das nicht geht. Und alles kommt so mühelos, so spontan. Da steckt eine kraftvolle Dynamik, Lebendigkeit und Klarheit darin. Wenn ich die Augen schließe und dann wieder öffne, ist die Wahrnehmung blitzschnell da, kein Zögern, hier und jetzt, ganz frisch.

Und der dritte Aspekt ist die Einzigartigkeit. Jedes erlebte Detail ist in jedem Augenblick einzigartig, z.B. das Gesicht meines Freundes vor mir. Ich denke, dass ich das Gesicht schon kenne. Aber wenn ich genau hinschaue, sehe ich, dass ich dieses Gesicht noch nie so gesehen habe, in dieser Umgebung, mit dieser Beleuchtung, mit diesem leicht getrübten Blick und mit diesem einzelnen Haar am Kinn, an dem seine Rasierklinge heute morgen wohl vorbei gerutscht ist. Auch das Rufen des Kindes auf der anderen Straßenseite ist einzigartig. Ich höre es zwar jetzt zum zweiten Mal rufen, aber diesmal anders, jedes Mal einzigartig. Ich kann jedes Detail meiner erlebten Welt wahrnehmen, mit klaren Konturen und lebhaften Farben. Jedes Detail einzigartig.

Und dann ist da noch etwas, was in jeder Wahrnehmung da ist, und das wird häufig mit dem Begriff *Gewahrsein* bezeichnet. Ich kann die Offenheit, die Lebendigkeit und die Einzigartigkeit nur erleben, wenn da gleichzeitig auch Gewahrsein ist über diese erlebte Welt. Und logischerweise muss dieses Gewahrsein im Augenblick des Erlebens da sein, woher sollte ich denn sonst von dieser erlebten Welt wissen. Das Gewahrsein ist bei jedem bewussten Erleben spontan präsent, genau im erlebten Augenblick selbst. Ich sehe, höre, rieche, schmecke und fühle. Im Gewahrsein eingebunden erlebe ich Offenheit, Lebendigkeit und Einzigartigkeit immer gleichzeitig, zusammen wie bei einem Akkord.

Gewahrsein ist dabei wie ein Hintergrund, wie die weißen Seiten eines Buches. Wenn ich lese, liegt meine Aufmerksamkeit beim gedruckten Text, aber den gibt es nur zusammen mit der weißen Seite, auf dem die Worte gedruckt sind. Diese Erkenntnis ist eigentlich zu offensichtlich, um erwähnt zu werden, und doch ist sie irgendwie verblüffend in dem Moment, wo mir das klar wird. Das weiße Blatt kann jede Art von Text zeigen ohne sich dabei zu verändern, und wenn kein Text drauf steht, bleibt es einfach so wie es ist. Gewahrsein ist immer präsent bei allem was wir erleben. Gewahrsein ist einfach sein und das zu wissen.

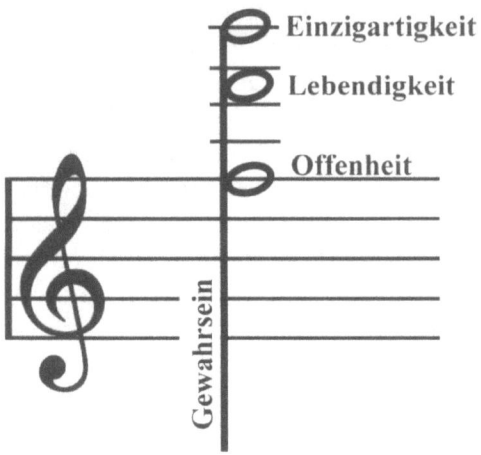

Bild 1

Aber Gewahrsein ist nicht nur gewahr. Wenn ich z.B. eine Tasse vor mir auf dem Tisch sehe, dann sehe ich die Tasse zusammen mit dem Tisch und den Tisch zusammen mit der Tasse. Ich bin gewahr, kann gleichzeitig aber auch unterscheiden. Ich weiß, dass die Tasse eine Tasse und der Tisch ein Tisch ist. Die Tasse erscheint zwar mit dem Tisch zusammen als Bild in meiner erlebten Welt, aber sie ist nicht mit dem Tisch verwachsen. Ich weiß, dass ich die Tasse anheben und daraus trinken kann. Wenn nun diese Tasse und der Tisch zusammen im Bild auf dem Bildschirm meines Laptops erscheinen, dann kann ich die Tasse und den Tisch auch identifizieren und benennen. Gleichzeitig weiß ich aber auch, dass ich *diese*

Tasse nicht heben und aus *dieser* Tasse nicht trinken kann. Das Gewahrsein ist also nicht nur gewahr, sondern unterscheidet auch genau. Gewahrsein hat Unterscheidungsvermögen und ist ausgesprochen intelligent. So kann ich mich in meiner Welt zurechtfinden und sinnvoll handeln. Ich weiß, dass ich aus der Tasse auf dem Bildschirm nicht trinken kann, wohingegen ich im Traum aus einer geträumten Tasse einen vorzüglichen Tee genießen könnte.

Bei all diesen Wahrnehmungen, Gedanken und Gefühlen, die wie Akkord nach Akkord in nicht enden wollender Folge in meinem Erleben auftauchen, könnte ich mich fragen, was wohl dahinter stecken könnte. Insbesondere wenn ich mich nach glücklichen Momenten wirklich beschenkt und dankbar fühle, kommt diese Frage in mir auf, ob es da einen Schenkenden gibt, und wenn ja, wer das wohl sein könnte. Diese Frage ist zentral auch in allen religiösen und spirituellen Traditionen und die Antworten darauf sind vielfältig. Einige sprechen vom Allerhöchsten, von Gott oder von einer Vielzahl verschiedener Götter. In der buddhistischen Tradition wird diese Quelle von allem, was wir erleben, *Buddha-Natur* genannt. Jede Farbe, die ich sehe, jeder Ton, den ich höre, jeder Gedanke und jedes Gefühl taucht aus dieser einen, grundlegenden Quelle auf. Und diese Quelle spendet einfach, schenkt Angenehmes aber auch Unangenehmes einfach so, ohne dass ein Schenkender dazu nötig wäre.

Diese Sichtweise lässt sich vielleicht durch einen einfachen Vergleich mit der Schwerkraft deutlich machen. Die Schwerkraft ist eine der grundlegenden Kräfte im Universum. Sie sorgt dafür, dass Regen vom Himmel fällt, dass wir mit beiden Füßen fest auf der Erde stehen und dass die Erde um die Sonne kreist. Auch wenn ich nicht sagen kann, was Schwerkraft wirklich ist, so kann ich aber doch ihre Wirkung erleben und beschreiben. Wenn ich feststelle, dass meine vollen Einkaufstüten schwer sind, dann erlebe ich gerade die Wirkung der Schwerkraft. Die Schwerkraft hat meine Einkaufstüten schwer gemacht und die beiden Gewichte ziehen jetzt an meinen Armen. Aber es muss hier keinen geben, der den Einkaufstüten Gewicht *geschenkt* hat, und auch keinen, der meine Arme lang zieht. Es passiert einfach so. Ich weiß nicht wie, aber die Natur hat es so eingerichtet, dass die Schwerkraft die Einkaufstüten schwer und meine Arme lang macht.

9

Einzigartig und allein

Alles, was in meinem erlebten Universum auftaucht, ist einzigartig. Jeder Moment meines Erlebens wird nur von mir jetzt so erlebt. Niemand im ganzen Universum nimmt in diesem Augenblick genau das Gleiche wahr, was ich jetzt gerade wahrnehme. Und das ist nicht übertragbar. Auch wenn ich es mir noch so stark wünschen würde, meine Wahrnehmungen kann ich nicht an andere weitergeben. Meine eigenen Wahrnehmungen, Gedanken und Gefühle sind für andere nicht erlebbar. Wenn ich z.B. sage, dass ich weiß, was ein anderer denkt, dann stimmt das so nicht. Es sind vielmehr meine Gedanken, die ich für die Gedanken des anderen ausgebe. Oder wenn ich das Gefühl haben sollte, dass ich genau das fühle, was ein anderer gerade fühlt, dann ist auch das nicht korrekt. Das Gefühl, was ich habe, ist zunächst mal mein Gefühl, meine eigene Version. Das ist jetzt gar nicht negativ gemeint in dem Sinne, dass ich da meine eigene Version bastele. Es ist einfach so. Die Natur hat es so eingerichtet, dass es meine Gefühle sind, die ich fühle. Natürlich kann ich mich mit anderen freuen, die Trauer von anderen kann auch mich traurig machen, ich kann mich schlecht fühlen, wenn ich das Elend anderer erlebe. Aber es ist wichtig zu wissen, dass diese Gefühle meine Gefühle sind und nicht die der anderen. Wenn ich mir darüber im Klaren bin, kann ich eine Menge unnötiger Konflikte und Leiden für mich und andere vermeiden.

Meine Wahrnehmungen, meine Gedanken und meine Gefühle kann nur ich erleben. So gesehen bin ich allein. Und wenn ich mich dann allein fühle, dann ist das der folgerichtige Ausdruck von dem, was wahr ist. Ich bin allein auf meiner Insel. Aber allein zu sein bedeutet nicht automatisch, einsam zu sein, weil da ein ständiger Austausch mit anderen Menschen und mit der sogenannten materiellen Welt passiert. Ich könnte gar nicht überleben, wenn dieser Austausch nicht wäre. Ich hätte nicht aufwachsen können ohne die Fürsorge meiner Mutter, ich brauche Nahrung, Luft zum Atmen, Sonne, Kommunikation etc. Ich bin einzigartig und allein und gleichzeitig im ständigen Austausch mit meiner Umgebung und meinen Mitmenschen. Nur durch dieses wunderbare Zusammenspiel von Alleinsein und Austausch bin ich ein lebendiger Mensch.

10

Die Erde ist eine Scheibe

Während ich hier diese Zeilen schreibe, fällt mein Blick auf die Vase mit Tulpen auf meinem Schreibtisch. Die Tulpen sind gerade frisch vom Markt in meiner Vase gelandet. Leider hat eine Tulpe wohl beim Transport eines ihrer Blütenblätter eingebüßt, aber das eröffnet mir die Möglichkeit zu sehen, wie es im Inneren der Blüte ausschaut. Meine Schreibtischlampe wirft ihr Licht gerade von hinten durch eines der Blütenblätter, so dass ich seine feine Maserung sehen kann. Ein zartes, leuchtendes Orange mit filigranen, hellgrünen Linien, durchscheinend wie feinstes Porzellan. In der Mitte ein kräftiger, fleischiger Stempel und fünf schlanke, längliche Elemente, die mit zart gelben, durchscheinenden Stielen an der Wurzel des Stempels beginnen. Jedes der fünf Elemente ist fein gegliedert, die Spitze leicht gebogen, und als ich genauer hinschaue, sehe ich, dass alle fünf zwar sehr ähnlich sind, aber sich trotzdem unterscheiden. Mal ist die Spitze etwas mehr gebogen, mal der untere Teil kräftiger. Jedes einzelne der fünf Elemente ist einzigartig. Und wenn ich nun den Kopf ein wenig zur Seite bewege und damit meinen Blickwinkel auf das Innere der Blüte verändere, ändert jedes Element auch seine Form ein bisschen. Und nicht nur das. Ganz vorsichtig lugt ein sechstes Element hinter dem fleischigen Stempel hervor. Und als ich eines der Blütenblätter vorsichtig zur Seite schiebe, entdecke ich noch ein siebtes Element. Die Wahrheit ist also: ein Stempel und sieben Elemente. Diese Wahrheit würde ich wahrscheinlich auch in einem botanischen Lehrbuch über Tulpen finden. Diese Tulpensorte hat einen Stempel und sieben gleiche Staubgefäße. Das ist die Wahrheit des Botanikers. Wenn ich aber nun meinen Kopf wieder zurück bewege und das Blütenblatt wieder an seine ursprüngliche Stelle schiebe, sehe ich einen Stempel und nur fünf Elemente. Und diese Elemente sind keineswegs gleich und auch nicht staubig, sondern haben eine matte, glatte Oberfläche. Es sind also zwei verschiedene Wahrheiten, die sich zu widersprechen scheinen. Die Wahrheit des Botanikers und meine eigene, wahrgenommene Wahrheit.

Dieser Widerspruch ergibt sich immer wieder in meinem Leben. Wenn ich zum Beispiel sagen würde, dass die Erde eine Scheibe ist, dann würden Sie sicherlich denken, dass ich von vorgestern bin. Jeder gebildete Mensch weiß doch heute, dass die Erde eine Kugel ist, die sich um sich selbst dreht, mit rasanter Geschwindigkeit um die Sonne saust und mit kaum vorstellbarer Geschwindigkeit durch das Universum driftet. Wenn ich nun aber an einem schönen Frühlingstag auf einer Wiese stehe und auf das flache Land um mich herum schaue, erlebe ich, dass die Erde flach und wunderbar ruhend ist. Die Vorstellung von einer Kugel und von rasanter Geschwindigkeit passt überhaupt nicht zu meiner erlebten Welt und ist in diesem Augenblick auch nicht hilfreich. Wenn ein Astronaut auf den Mond geschickt werden soll, dann muss man natürlich mit der Wahrheit arbeiten, dass die Erde eine Kugel ist. Nur so kann die Flugbahn richtig berechnet werden. Für den Astronauten ist die Wahrheit, dass die Erde eine Kugel ist, überlebenswichtig, für mein Erleben von Ruhe auf der Wiese ist diese Vorstellung aber nicht brauchbar. Wenn man Wahrheit nicht nach richtig oder falsch einordnet, sondern nach hilfreich oder weniger hilfreich für eine gegebene Situation, dann kann es mehrere Wahrheiten geben, ohne dass man darüber streiten muss, welche die einzig Wahre ist. Die Wahrheit des Botanikers über die Tulpe ist hilfreich, wenn man verschiedene Tulpenarten unterscheiden möchte. Meine eigene Wahrnehmung als wahr anzusehen, ist hilfreich, wenn ich die Einzigartigkeit und Schönheit der Tulpe erleben möchte.

Wenn ich Vertrauen in meine eigene Wahrnehmung habe, Vertrauen habe in das, was für mich *wahr* ist, dann ist das eine gute Voraussetzung

dafür, dass ich die Kreativität meines Wahrneh-
mens lebendig erleben und dadurch auch wert-
schätzen kann. Ich schaue dann einfach nur oder
horche, versuche ganz einfach bei meinem Wahrnehmen zu sein. Und dann kann es passieren, dass
ich für einen kurzen Augenblick neu sehe oder neu
höre, mein Wahrnehmen als lebendig und wahr
erlebe. Die Wahrheit des Botanikers bleibt dabei
immer noch wahr, sie ist aber für mein direktes,
lebendiges Erleben in diesem Augenblick nicht
von Bedeutung.

11

Hamlet und die Streichholzschachtel

Wie viele Seiten und wie viele Ecken hat eine Streichholzschachtel? Eine einfache Frage. Wenn ich mir eine Streichholzschachtel vorstelle und nachzähle, komme ich zu dem Ergebnis: sechs Seiten und acht Ecken. Dann nehme ich eine Streichholzschachtel in die Hand und schaue: drei Seiten und sieben Ecken.

Ich bin verblüfft und drehe die Streichholzschachtel, um auch noch die achte Ecke zu sehen. Jetzt sehe ich die achte Ecke, aber dafür ist eine andere verschwunden, also immer wieder nur sieben Ecken und drei Seiten. Und während ich die Streichholzschachtel langsam in meiner Hand drehe, entdecke ich plötzlich noch eine andere Wahrheit: eine Seite und vier Ecken. Und dann noch eine Wahrheit: zwei Seiten und sechs Ecken. Und während ich die Streichholzschachtel einfach langsam weiterdrehe, bemerke ich, dass die Seiten ständig ihre Form und Größe ändern. Und dann bemerke ich noch, dass auch meine Hand da ist. Ich kann die Streichholzschachtel gar nicht ohne meine Hand sehen. Und beide bewegen sich und bilden dabei immer wechselnde Formen. Und dann bemerke ich, dass um die drehende Hand und die sich drehende Streichholzschachtel herum Ruhe ist. Da ist dieses Raumgefühl, das sich völlig entspannt anfühlt. Ich erlebe die wechselnden Formen von meiner Hand und der Streichholzschachtel und ein Raumgefühl, das ruht, Bewegung und Ruhe zusammen in einer Wahrnehmung. Das ist die Wahrheit der Streichholzschachtel mit drei Seiten und sieben Ecken, die erlebte Wahrheit.

Die gedachte Wahrheit der Streichholzschachtel mit acht Ecken bleibt davon unberührt. Diese Wahrheit ist manchmal auch nützlich. Wenn ich eine Streichholzschachtel beschreiben soll und meine Erklärung auf meine erlebten Wahrheiten stütze, würde mich wahrscheinlich keiner verstehen: *Eine Streichholzschachtel ist so ein Ding mit sieben Ecken und drei Seiten, aber es können auch manchmal vier Ecken und eine Seite sein.* Der Klarheit zuliebe würde ich bei einer Beschreibung doch lieber die gedachte Version mit 6 Seiten und acht Ecken verwenden.

Und während ich so dasitze und meine Streichholzschachtel mit meiner Hand drehe, fällt mir Hamlet ein: *Sein oder Nichtsein, das ist hier die Frage.* Ja, ich sehe die Streichholzschachtel, also: *Sein ist wahr.* Dann sehe ich überall um die Streichholzschachtel herum keine Streichholzschachteln, sozusagen das *Nichtsein* von Streichholzschachteln, also *Nichtsein ist wahr*. Und dann erlebe ich, dass die Streichholzschachtel sich in diesem n*icht-Streichholzschachtel-Sein*, diesem Raum, dreht. Ich erlebe Sein und Nichtsein zusammen, also: *Sein und Nichtsein zusammen ist wahr*. Da habe ich also drei Wahrheiten: Sein ist wahr, Nichtsein ist wahr und Sein und Nichtsein zusammen ist wahr. Mein logisch schließender Geist sagt mir, dass nur eine der drei Behauptungen wahr sein kann, weil jede Festlegung die anderen beiden ausschließt. Logik ist zwar in vielen Situationen gut und nützlich, aber hier hilft sie mir nicht weiter. Und so besinne ich mich darauf, dass im Zweifelsfall für mich das *wahr-nehmen* zählt. Der Logiker in mir sagt, dass nur eine der drei Wahrheiten wahr sein kann. Für mich als Wahrnehmender sind aber alle drei Wahrheiten gleichermaßen wahr, weil ich sie mit Vertrauen in mein Erleben gerade *wahr*genommen habe.

Auch wenn alle drei Wahrheiten gleich wahr sind, möchte ich doch eine von den Dreien hervorheben, weil ich sie auf meiner Reise durch die Welt meiner Wahrnehmungen als besonders hilfreich erlebt habe. Und das ist die dritte Wahrheit: *Sein und Nichtsein zusammen ist wahr*. Und diese Wahrheit bekommt von mir deshalb das Prädikat: *Sehr empfehlenswert*.

Wenn ich bei einem Waldspaziergang aus der Ferne ein *Ku-ckuck* höre, dann kommt dieser Ruf aus einem Raum von Stille: erst Stille, dann *Ku-ckuck*, dann wieder Stille. Das ist die Wahrheit von Sein und Nichtsein nacheinander, von Sein *oder* Nichtsein. Ich kann das *Ku-ckuck* aber auch als dritte Wahrheit erleben, als *Ku-ckuck* zusammen mit dem Raum von Stille. Dann ist der Klang von *Ku-ckuck* wie ein klares und lebendiges Echo, erlebt in einem Raumgefühl von großer Weite und friedlicher Stille. Das ist waches Erleben: *Sein und Nichtsein zusammen, so ist es, ganz ohne Frage.*

12

Die optische Täuschung

Viele von Ihnen haben sicherlich schon Bilder zum Thema optische Täuschung gesehen. In Bild 2 sieht man z.B. lange Linien, die leicht schräg zueinander stehen. Wenn ich aber nachmesse, sind die Linien vollkommen parallel. Da die Linien gleichen Abstand haben, sollte ich sie eigentlich auch als parallele Linien sehen. Das wäre die Wahrheit des Mathematikers. Wenn ich das Buch jetzt hochnehme und ganz flach über die Buchseite schaue, sehe ich plötzlich, dass die Linien tatsächlich parallel verlaufen. Jetzt *sehe* ich die Wahrheit des Mathematikers. Wenn ich nun aber das Buch wieder leicht zu mir kippe, dann stehen die Linien wieder leicht schräg zueinander. Ich kippe das Buch wieder zurück in die Horizontale, und die Linien werden wieder parallel. Ein schönes Spiel. Einfach magisch, wie die Linien in meinem Erleben langsam von parallel nach leicht schräg wechseln, je nachdem, wie ich darauf schaue. Ich bin verblüfft, wundere mich. Da ist die Wahrheit des Mathematikers nebensächlich, parallel oder nicht parallel. Es ist einfach interessant, mit diesem Wechselspiel der Linien zu sein. Der Mathematiker mag es optische Täuschung nennen, ich fühle mich jedoch nicht getäuscht, sondern freue mich an der magischen, kreativen Veränderung in meiner Wahrnehmung.

Bild 2

Ganz interessant finde ich auch die Wirkung des folgenden Bildes. Schauen Sie bitte einfach ganz entspannt auf diese Darstellung von ein paar einfachen Linien.

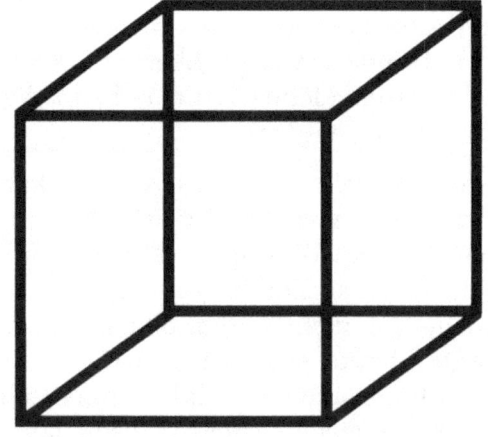

Bild 3

Aus den zweidimensionalen Linien auf dem Papier wird ein dreidimensionaler Würfel, bei dem z.B. die untere linke Ecke nach vorne zeigt. Wenn Sie nun weiter auf diesen Würfel schauen, passiert früher oder später das Umspringen. Ganz unvermittelt ändert der Würfel seine Lage. Jetzt liegt die obere rechte Ecke plötzlich vorn. Und wenn Sie noch ein Weilchen schauen, wechselt das Bild wieder. Manchmal scheint das Bild plötzlich umzuspringen, und manchmal erfolgt der Wechsel sanft, wie wenn die erste Version weggewischt wird, um sanft der anderen Version Platz zu machen. Und wenn Sie ganz entspannt sind, werden Sie feststellen können, dass dieses Umspringen spontan, ohne ihr Zutun passiert.

Ich kann diesen Vorgang als optische Täuschung betrachten, so als ob mich meine Wahrnehmung zum Narren gehalten hätte. Mit dieser Sichtweise bringe ich mich aber um die Chance, zwei ganz entscheidende Aspekte beim Wahrnehmungsprozess zu entdecken.

Der erste Aspekt ist, dass ich sehen kann, wie kreativ meine Wahrnehmung ist. Aus einfachen Linien entsteht ein Würfel. Es ist wirklich kreativ, da eine dritte Dimension hinzugefügt wird, die auf der Vorlage gar nicht vorhanden ist. Eine Erklärung dafür könnte sein, dass in der materiellen Welt zweidimensionale Gebilde praktisch nicht vorkommen, wogegen dreidimensionale Gebilde wie Häuser, Kisten, Tische, etc. zu unserer alltäglichen Welt gehören. Wenn nun, wie in diesem Fall, nur zweidimensionale Striche vorliegen, interpretiert mein Geist diese Striche als Kanten eines dreidimensionalen Körpers und präsentiert mir einen Würfel. Auch im Alltag sehe ich eigentlich nur die Kanten von Häusern, Kisten und Tischen und daraus entstehen dreidimensionale Gebilde in meiner Wahrnehmung. Das ist ausgesprochen praktisch, weil ich nun sinnvoll mit Häusern, Kisten und Tischen umgehen kann.

Der zweite interessante Aspekt beim Auftauchen des Würfels ist, dass sich zwei Versionen scheinbar ohne mein Zutun abwechseln. Ich erlebe also, dass mein Geist nicht einfach nur kreativ ist, sondern er interpretiert auch gleich noch und versucht bei seiner Verarbeitung eine sinnvolle

Information daraus zu machen. Beim Würfel gibt es zwei mögliche Varianten, und die bietet mir mein Geist nun abwechselnd an. Kreativität und Interpretation, das kann ich hier beim Würfel ganz direkt erleben. Und so bekomme ich einen kurzen Einblick in die Art und Weise, wie meine Wahrnehmung und mein Geist tatsächlich funktionieren.

13

Erleben ist immer jetzt

Nach diesen kurzen Ausflügen in die Welt der verschiedenen Wahrheiten und der optischen Täuschungen möchte ich wieder zurückkommen zu den grundlegenden Aspekten meines Erlebens. Offenheit, Lebendigkeit und Einzigartigkeit, untrennbar verbunden mit Gewahrsein. Diese grundlegenden Aspekte sind beim Wahrnehmen immer präsent, genauso wie bei allem, was ich denke und fühle. Es sind Prozesse, bei denen etwas entsteht, auftaucht und erlebt wird. Zum besseren Verständnis dieser Prozesses könnte ich jeden dieser kreativen Prozesse in zwei Phasen darstellen. Da wäre dann zunächst eine Phase des Entstehens, die dafür sorgt, dass etwas im Erleben auftaucht: eine Farbe, ein Ton, ein Geruch, ein Gedanke, ein Gefühl. Der Geist kreiert also alles, was ich wahrnehme, denke und fühle, und er nimmt es auch wahr. Der kreierende Geist und der betrachtende Geist sind beim Erleben beide aktiv und lassen mich mein ganzes Universum erleben: Farben, Formen, Gerüche, Gedanken oder Gefühle. Sie tauchen auf und sind immer so, wie sie sind, so wie sie in diesem Augenblick wahrgenommen, gedacht und gefühlt werden. Nichts von all dem, was aufgetaucht ist, kann ich im Nachhinein zurücknehmen oder abändern. Trotzdem verschwende ich häufig unnötigerweise viel Energie, wenn ich mir in Gedanken ausmale, was gewesen wäre, wenn... Wenn z.B. Kopfschmerzen da sind, kann ich die erlebten Schmerzen nicht mehr rückgängig machen. Anstatt mich also damit zu beschäftigen, wie schrecklich ich mich gefühlt habe und jetzt noch fühle mit diesen ganz und gar unpassenden Kopfschmerzen, könnte ich die Situation einfach annehmen und mir dann eine Kopfschmerztablette holen.

Wahrnehmen, Denken und Fühlen passiert immer im gegenwärtigen Augenblick, auch wenn es sich manchmal anders anfühlt. Ich denke z.B. über den Streit nach, den ich gestern mit meinem Freund hatte, und das fühlt sich so an, als ob ich in der Vergangenheit bin. Wenn ich aber genauer hinschaue, stelle ich fest, dass das Thema zwar von gestern ist, dass der Gedanke an gestern aber *jetzt* passiert, hier in diesem Augenblick, und dass der Ärger, den ich wegen des Streits empfinde, nicht der Ärger von gestern ist, sondern ein neuer Ärger, der *jetzt* gerade frisch auftaucht. Die gleichen Überlegungen kann ich auch für meine Gedanken und Träume anstellen, die sich mit der

Zukunft beschäftigen. Jeder Gedanke über die Zukunft wird erlebt in dem Augenblick, in dem er *jetzt* frisch auftaucht. Jedes Gefühl, egal ob es sich auf die Vergangenheit oder auf die Zukunft bezieht, wird in dem Augenblick, in dem es gefühlt wird, gerade frisch kreiert. Das ist die Gesetzmäßigkeit, die all unseren Wahrnehmungen, Gedanken und Gefühlen zu Grunde liegt. Unsere Erleben funktioniert natürlicherweise immer so: *jetzt, jetzt, jetzt...*

Ein Gedanke taucht auf, ich höre es innerlich sprechen, und wenn der Gedanke innerlich ausgesprochen ist, ist er zu Ende. Jeder Gedanke entsteht immer frisch, wenn er auftaucht, und er vergeht und macht Platz für einen neuen Gedanken. Und dieser neue Gedanke kann sich irgendwie genauso anhören wie der gerade vergangene. Ich denke dann, dass es der gleiche Gedanke ist. Es mag sogar ein Gedanke mit der gleichen Formulierung sein, aber es ist tatsächlich ein frischer Gedanke zum gleichen Thema.

Gedanken, Gefühle, Wahrnehmungen sind vergänglich. Ein Prozess endet und ein neuer Prozess folgt. Das ist Vergänglichkeit, und zwar nicht in dem Sinne, dass alles sowieso immer wieder nur den Bach runtergeht, oder dass alle Dinge traurigerweise zum Sterben verdammt sind. Vergänglichkeit kann ich hier auch positiv sehen, als Voraussetzung dafür betrachten, dass Platz für Neues geschaffen wird. Ich kann mich dem Neuen zuwenden. Ich kann das Erlebte sein lassen, wie es war, und mich freundlich und neugierig einlassen auf das Neue, das jetzt als nächstes auftaucht. Und da werde ich feststellen, dass immer genug Nachschub kommt, ganz einfach so. Diese Dynamik in meinem Erleben ist völlig ohne Zögern. Ich könnte diese Dynamik deshalb auch zuversichtlich nennen, oder sogar furchtlos, weil dabei nicht einmal die Idee von Furcht ins Spiel kommt. Der Prozess des Erlebens schreitet einfach voran, zuversichtlich und furchtlos. Diese Furchtlosigkeit passiert andauernd, sie ist Teil unserer Natur als Menschen, und deshalb können wir diese Furchtlosigkeit auch in allem, was wir erleben, entdecken. Und wenn wir diese spontane Furchtlosigkeit entdeckt haben, können wir sie auch direkt fühlen und spüren. Da ist dann kein Zweifel mehr und wir können mit einem Gefühl von Zuversicht vorangehen.

14

Der gedachte Mörder

In den vergangenen Kapiteln habe mich viel mit der Umgebung befasst, die in meinem erlebten Universum auftaucht. Offensichtlich gibt es da eine Anordnung um mich herum. Menschen, Häuser, Bäume, Himmel und Erde scheinen in mehr oder weniger großen Abständen um mich herum angeordnet zu sein. Diese Umgebung erlebe ich, aber oft widme ich ihr nicht sehr viel Aufmerksamkeit. Vielleicht denke ich, dass ich sie schon kenne, und dass ich deshalb nicht mehr so richtig hinzuschauen brauche. Oder ich bin mit mir und meinen Gedanken so beschäftigt, dass ich mein erlebtes Umfeld kaum oder gar nicht bewusst wahrnehme. Dann aber gibt es auch Augenblicke, wo ein Teil meiner erlebten Umgebung plötzlich ganz präsent wird. Da leuchtet eine ganz normale Ampel plötzlich in einem so intensiven, kräftigen Grün, wie ich es vorher noch nie wahrgenommen habe. Da lacht mich ein kleines

Kind am Nachbartisch im Café so herzlich an, dass mir für einen Augenblick das Herz aufgeht und ich plötzlich da bin, hellwach. Es gibt diese berührenden Momente immer wieder. Oft kommen sie wie aus heiterem Himmel, so, als ob plötzlich ein Vorhang aufgeht, oder ein Schleier plötzlich gelüftet wird. Ganz besonders intensiv ist dieses Gefühl in dem Augenblick, in dem ich mich verliebe. Ob ich mich in einen anderen Menschen verliebe, oder mein Herz aufgeht beim Anblick einer Blume, einer Muschel, eines Kunstwerks, immer trifft mich ein solcher Augenblick irgendwie unvorbereitet. Manchmal sogar wie ein Schock, wenn mich z.B. das Quietschen der Reifen eines Autos abrupt aus meinem Tagtraum reißt. Diese wachen, berührenden Momente in meiner Wahrnehmung haben eine ganz besondere Qualität. Ich kann diese Momente nicht erzeugen, sie passieren einfach. Aber vielleicht gibt es ja eine Möglichkeit, den Boden zu bereiten, damit diese wachen Momente eingeladen werden, zu passieren. Ich denke, dass die folgenden Zeilen eine mögliche Annäherung hierzu aufzeigen.

Früher habe ich im Radio gerne Krimis gehört, die mit einem sogenannten Kunstkopf aufgenommen wurden. Diese Aufnahmetechnik erzeugt ein totales Klangerleben: gesprochene Worte, Töne und Geräusche in 3D zusammen mit großartiger Raumakustik. Ich setze mir den Kopfhörer auf und schon bin ich mitten drin im Geschehen. Da höre ich von links ein leises Knarren einer Treppe. Stille, dann noch mal Knarren, diesmal schon etwas näher. Ein leises Quietschen von links, wenn sich die Tür langsam öffnet. Die Anspannung steigt. Schleichende Schritte nähern sich und halten inne, direkt hinter mir. Ich höre leises Atmen hinter mir und glaube, den Atem im Nacken zu spüren. Die Anspannung ist auf dem Höhepunkt. Der Mörder steht gerade hinter mir. Ich bin als Erlebender und Erleidender mittendrin im Zentrum dieses Krimi-Universums.

Wenn ich jetzt die Augen öffne, dann sehe ich, dass ich nicht in einem Raum mit dem Mörder bin, sondern hier in meinem Wohnzimmer sitze. Das ganze Krimi-Universum funktioniert nicht mehr. Es funktioniert nur, wenn ich mich als Mitspieler und Beobachter da hineindenke. Es fängt an mit dem Gedanken, dass ich mich als Beobachter mitten in die Handlung begeben will, und dann passiert es ganz schnell: knarrende Geräusche werden zu einer alten Treppe und quietschende Geräusche zu einer alten Zimmertür, und die schleichenden Geräusche werden zu den Schritten des Mörders. Treppe, Zimmertür und Mörder sind sogenannte Projektionen, die mein eigener Geist mit Hilfe von ein paar Geräuschen erzeugt. Und eine von diesen eigenen Projektionen, der gedachte Mörder, jagt mir dann auch noch einen schönen Schauer über den Rücken.

Ich kann das Hörspiel inklusive Schauer aber nur so erleben, wenn ich mich als Beobachter in die Situation hinein begebe und die Projektionen, also die knarrende Treppe, die quietschende Tür und den schleichenden Mörder für real halte. Wenn ich weiß, dass ich tatsächlich nicht im Raum mit dem Mörder bin, sondern hier in meinem Wohnzimmer mit meinen Kopfhörer sitze, dann werde ich die Situation etwas anders erleben. Das knarrende Geräusch kann zwar immer noch zur knarrenden Treppe werden, das quietschende Geräusch zur quietschenden Zimmertür und die schleichenden Geräusche zu leisen Schritten des Mörders, aber mit dem Wissen, dass es nur Projektionen, nur gedachte Vorstellungen sind, kann ich mich nicht mehr wirklich vor dem Mörder fürchten. Damit ist die ganze Angelegenheit aber auch ein bisschen fade geworden, und ich könnte die Kopfhörer abnehmen und mir eine andere Beschäftigung suchen.

Wenn ich aber dabei bleibe und weiter hinhöre, dann kann ich erleben, dass das Knarren der Treppe viele interessante Details hat. Und wenn ich dann ganz fasziniert diesen vielen kleinen Details lausche, vergesse ich irgendwie die Treppe und bin ganz und gar nur beim Knarren. Kkkkkkknnnnnaaaaaaarrrrrrrrr und dann Stille. Ich spüre diese Stille, erlebe den Raum. Und dieser Raum, diese Offenheit ist auch wieder da, wenn das nächste Knarren aus diesem Raum, aus dieser Stille auftaucht. KKNNNAR, diesmal kürzer, lauter, ganz anders als erste Knarren. Da ist zwar immer noch ein kleiner Beobachter beteiligt, ein leichtes Gefühl von *ich beobachte*, aber es scheint mein Universum aus wunderbar-einzigartigem Knarren und ruhender Stille nicht wirklich zu stören. Ich kann entspannen und einfach nur mit meinem Erleben sein. Und wenn ich weiter neugierig bleibe und einfach nur lausche, kann *ein* Knarren plötzlich und ohne Vorwarnung so intensiv und lebendig werden, dass es mir fast zu viel wird. Es ist, als ob sich plötzlich ein Vorhang geöffnet hat und ein erfrischender Windstoß mich wach gemacht hat. *Upps!* Was war das? Erlebt, aber irgendwie nicht zu fassen, nur ein kurzes Aufblitzen. Aber danach ist mein Universum irgendwie ein bisschen anders. Es ist, als ob dem Aufblitzen so eine Art Nachklang folgt. Ich fühle mich berührt, fühle Wertschätzung, Offenheit und stille Freude bei all den kleinen Details, die ich kurz nach dem *Upps!* erlebe. Es fühlt sich so an, als ob sich mein Herz ein wenig geöffnet hätte. Irgendwie höre ich in diesem Nachklang nicht nur mit den Ohren, sondern auch ein bisschen mit dem Herzen.

15

Spielwiese Universum

Als Kinder haben wir früher immer wieder gerne das Spiel *Ich sehe was, was du nicht siehst...* gespielt. Einer von uns suchte sich einen Gegenstand in unserer Umgebung aus, z.B. die rote Kappe des Kugelschreibers auf dem Schreibtisch, und sagte dann: *Ich sehe was, was du nicht siehst, und das ist rot.* Dann schauten wir anderen herum, gingen auf Entdeckungsreise durchs Zimmer und hielten neugierig und wach Ausschau nach Rot. Und dann kamen die Antworten: der rote Buchdeckel - nein, die rote Blume - nein, ... und dann irgendwann: die rote Kappe des Kugelschreibers. Sobald das Resultat klar war, war diese Runde des Spiels vorbei. Das Aufregende bei diesem Spiel war eigentlich die Suche, das wache, neugierige Schauen, das Resultat war eigentlich gar nicht mehr so interessant.

Wenn ich heute dieses Spiel mit mir selbst in meiner Küche spiele, dann taucht in meinem Blickfeld erst mal die rote Küchenbank auf, weil die auch nicht zu übersehen ist. Und wenn ich dann ganz entspannt weiter schaue, tauchen immer mehr Rottöne auf, knalliges Rot, dezentes Rot, Rottöne mit Stich ins orange, lila, braun und pink. Und da noch eins - hinter den Gewürzdosen blitzt es plötzlich hervor. Das Rot *springt mir direkt ins Auge* und es fühlt sich tatsächlich so an. Gleich darauf weiß ich, dass es ein kleiner, roter Plastikdeckel ist. Ich habe soeben eine wichtige Wahrheit erkannt: Erst kommt das Erleben von Rot, dann das Wissen, was es ist, dann das Benennen. Das Erleben von runder Form und roter Farbe ist zum Ding geworden, zum roten Plastikdeckel, und ich zum Betrachter des Dings. Das *einfache* Erleben wird blitzschnell *zweifach*, zu zwei getrennten Welten: ich hier, und der Plastikdeckel da. Da war für einen kurzen Augenblick eine lebendig erlebte Wahrnehmung von Rot, das Rot hinter den Gewürzdosen hat mich direkt angesprochen.

Jetzt gehe ich darauf ein. Ich nehme das durchsichtige Döschen mit dem roten Plastikdeckel vom Gewürzregal. Das Rot ist tatsächlich sehr ansprechend, ein sattes, aber sanftes Rot mit dezentem Glanz. Und dann spüre ich das Döschen zwischen meinen Fingern. Solide und glatt, so fühlt sich also dieses Material an. Hier trifft sich gerade meine erlebte Welt ganz direkt mit der Welt der Materie. Und während ich jetzt das Döschen langsam drehe, sehe ich durch das transparente Material des Döschens, wie das tiefrote, feine Paprikapulver in dem Döschen Risse bekommt. Diese Risse werden tiefer und breiter, und plötzlich brechen ganze Brocken des roten Pulvers ab und stürzen den Hang hinab. Ich drehe langsam weiter und immer neue Formationen des feinen Pulvers bilden neue Risse, und neue Brocken stürzen sich spontan in die Tiefe. Und dann sehe ich, wie meine Finger das Döschen langsam drehen. Da ist Bewegung und gleichzeitig ein ruhiger Hintergrund, ein Raumgefühl, das ruht. Ruhendes Raumgefühl, lebendige Bewegung und einzigartige Formationen bei der Betrachtung eines einfachen Vorgangs. Ich fühle mich berührt und wach.

Wie kam das? Ich habe spielerisch und mit Interesse herumgeschaut und mich *ansprechen* lassen von einer Farbe, bin dann neugierig geblieben und habe weiter in die Details geschaut und dabei immer mehr interessante Details entdeckt. Und als Resultat ist da plötzlich eine neue, einzigartige, interessante Welt, die ich einfach und wach erlebe. Bei diesem Spiel gibt es jedoch keine Garantie für ein gewünschtes Resultat. Garantiert ist nur, dass das Resultat flüchtig ist, so flüchtig, wie das Erleben selbst. Dem gerade Erlebten folgt garantiert ein neues Erleben nach dem Motto: *Gleich ist das Jetzt ein Eben-Noch.* Und das Reservoir an immer neuem *Jetzt* ist unerschöpflich.

16

Berühren und berührt werden

Ich habe mir gerade eine Tasse Tee gemacht und habe noch Zeit für eine neue Spielrunde, diesmal mit Form statt mit Farbe. *Ich sehe was, was du nicht siehst, und das ist rund.* Ich schaue mit wacher Aufmerksamkeit in meiner Küche herum und sehe viele runde Formen: Teller, Herdplatte, Wasserglas, Flaschendeckel... Dann fällt mir auf, dass ich kaum eine kreisrunde Form sehe, sondern fast nur mehr oder weniger flache Ellipsen. Kurze Verwunderung, dann aber: klar doch, die Perspektive lässt Kreise als Ellipsen erscheinen. Dass ein Teller kreisrund ist, ist die Wahrheit des Mathematikers, die elliptischen Formen hier sind meine erlebte Wahrheit. Ich bevorzuge die erlebte Wahrheit und und spiele weiter. Ich hebe meine Teetasse und schaue zu, wie beim Anheben die Ellipse am oberen Rand meiner Tasse immer flacher wird. Und dann sehe ich ganz plötzlich die aufsteigenden Dampfwirbel. Zarter Dampf steigt aus der

Tasse auf und tanzt in sanften Schwaden über der schimmernden Oberfläche des Tees. Ich sehe immer neue Formen im lebendigen Wechsel, wabernd aufsteigende Schleier umgeben von ruhendem Raum.

Ich führe die Tasse an meine Lippen und spüre die Berührung. In dem Augenblick gibt es einen lebendigen Austausch. Das materielle Universum teilt mir seine Qualitäten ganz direkt mit: fest, glatt und heiß. Und weil ich es ganz direkt erlebe, kann ich darüber auch eine klare Aussage machen. Dass die Tasse aus Steingut und nicht aus Porzellan ist und der Tee aus Indien und nicht aus Ceylon kommt, ist in diesem Augenblick nicht interessant. Das sind Aussagen über eine gedachte Welt. Lebendig erlebt wird die materielle Welt meiner Tasse nur im Augenblick des direkten Kontakts über meine Sinne, und dabei ganz besonders intensiv und direkt über den Tastsinn.

Schon ganz kleine Kinder gehen auf Entdeckungsreise, wollen mit den Händen berühren, mit den Händen begreifen oder mit dem Mund erleben. Über den Hautkontakt können wir die solide Qualität von Materie erleben, die umfließende Qualität von Wasser, die Temperatur der Umgebung und die leichte Brise auf der Haut, den zarten Windhauch. Wenn uns ein geliebter Mensch zart berührt, dann spüren wir die Berührung auf der Haut, aber gleichzeitig auch etwas Zartes in unserer Herzgegend. Unser Herz wird berührt, ausgelöst durch den direkten Kontakt mit unserer

Haut oder durch unsere anderen vier Sinne. Auch beim Sehen, Hören, Riechen oder Schmecken kann unser Herz berührt werden. Jede kleinste Nuance einer Farbe, eines Tones, eines Geruchs können wir erleben. Unser feinfühliges, berührbares Herz antwortet, wenn es angesprochen wird, angesprochen von einer Farbe, von einem Ton, von einem lachenden Kindergesicht, vom Geheul eines misshandelten Hundes. Unser menschliches Herz empfindet und antwortet auf vielfache Weise, mit Wertschätzung, Traurigkeit, Klarheit, stiller Freude, Wachheit oder Mitgefühl. Wir können uns von ganzem Herzen freuen, wir können unser Herz entdecken, wir können uns ein Herz nehmen, wir haben unser Herz auf dem rechten Fleck, wir haben ein großes Herz, wir haben etwas auf dem Herzen. Das Herz ist bei uns Menschen die zarteste Stelle und gleichzeitig auch der Sitz von Mut.

17

Licht

Nachdem ich mich in den vorangegangenen Kapiteln ausführlich mit den Prozessen beim Wahrnehmen und Erleben beschäftigt habe, möchte ich mich nun dem Wahrgenommenen zuwenden, der sogenannten äußeren Welt. Als Beispiel für diese Welt möchte ich hier die spektakulären Feuerwerke nehmen, die mich, wie viele Menschen in Hamburg, auch immer wieder begeistern. Auf der größten Bühne der Welt, dem weiten Raum des Himmels, spielt diese Show aus Lichtspektakel und Getöse. Bei jeder Explosion kann ich das so erleben und bei jedem Regen aus silbernen Sternen, der sanft herabfällt und in der Dunkelheit des Himmels verglüht. Das ist erlebtes Universum beim Feuerwerk. Die Auslöser für mein Erleben kommen aus der äußeren Welt, dem materiellen Universum, das mit den Begriffen der Physik und Chemie beschrieben werden kann. So sagen die Chemiker, dass die Ursache für die Abstrahlung des Lichts chemische Prozesse mit Wärmeentwicklung sind, und die Physiker, dass durch diese Wärmeentwicklung Atome angeregt werden, was dann zur Abstrahlung von Photonen führt. Wenn nun ganze Salven von Photonen auf mein Auge treffen, ist das der Auslöser für mein Erleben von aufblitzenden Leuchtkugeln und Schauern aus verglühenden Sternchen.

Aber was sind Photonen, was ist eigentlich Licht? Diese Frage wird von Physikern schon sehr lange diskutiert. Einige Experimente zeigen, dass Licht sich wie ein Teilchen verhält, andere Versuche lassen sich nur erklären, wenn Licht als Welle betrachtet wird. Grundsätzlich lassen sich vier verschiedene Möglichkeiten formulieren:

1. Licht ist Teilchen
2. Licht ist Welle
3. Licht ist sowohl Teilchen als auch Welle
4. Licht ist weder Teilchen noch Welle

Unser logisch schließender Geist meint sich entscheiden zu müssen für eine der vier Möglichkeiten, weil jede der vier Aussagen im Widerspruch zu stehen scheint zu den drei anderen.

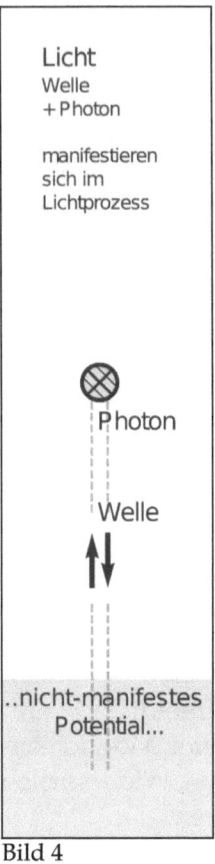

Licht
Welle
+ Photon

manifestieren
sich im
Lichtprozess

Photon

Welle

↑↓

..nicht-manifestes
Potential...

Bild 4

Dieser Widerspruch fällt jedoch weg, wenn man annimmt, dass Licht ein Prozess ist, der alle vier Möglichkeiten umfasst. Diesen Ansatz des indischen Philosophen Nagarjuna[02] habe ich hier aufgegriffen und dazu ein graphisches Modell entwickelt, das sogenannte *Quantenmodell*.

Bild 4 zeigt das Aufblitzen der Welle und des Photons aus einer Quelle, die ich in diesem Model als *nicht-manifestes Potential* bezeichnet habe. Dieses Potential bezieht sich auf die vierte Möglichkeit, in der das Licht weder Teilchen noch Welle ist. Aus diesem Potential, in dem nichts manifest ist, blitzen dann die zwei Manifestationen auf, die Welle als Energie-Form des Lichts und das Photon als Teilchen-Form des Lichts. In diesem Lichtprozess gibt es also *sowohl* Teilchen *als auch* Welle, aber auch die gemeinsame Quelle, und in der gibt es *weder* Teilchen *noch* Welle.

Der bekannte Quanten-Physiker und Buchautor Prof. Dr. Hans-Peter Dürr hat diesen Prozess von manifestieren aus dem *nicht-Manifesten*, in einem Vortrag[04] am Beispiel der Bewegung eines Elektrons von A nach B sehr anschaulich beschrieben: *Der Witz ist aber, dass dazwischen überhaupt nichts ist. Links verschwindet das Elektron und rechts erscheint es wieder, d.h. im Untergrund findet ein Haufen Prozesse statt, wo aus dem Nichts etwas kommt und wo etwas wieder ins Nichts versinkt. Es hat Eigenschaften einer Lebendigkeit, echte Kreation. Echte Kreation heißt, dass es nicht eine Entwicklung oder Entfaltung ist. Entwicklung und Entfaltung heißt ja immer: ich habe ein Papier zerknüllt und ich falte das auf. Es war immer schon da, ich sehe es dann hinterher. Wirkliche Kreation heißt, dass etwas echt neu kommt und wieder verschwindet, also wie am Anfang beim Urknall. Es findet ununterbrochen statt. Die Welt wird in jedem Augenblick neu geschaffen, aber mit einer Erinnerung an die Welt davor.*

In seinem Vortrag benutzt Dürr den Begriff *Urknall* nicht in Bezug auf das Ereignis, das vor 13,7 Milliarden Jahren stattgefunden haben soll, sondern weist darauf hin, dass *urknallen* hier und jetzt ständig passiert. Das Elektron A verschwindet ins Nichts, und aus diesem Nichts taucht das Elektron B als völlig neues Elektron *urknallartig* auf. Auf die gleiche lebendige und kreative Art und Weise tauchen beim Licht-Prozess auch Welle und Photon *urknallartig* auf, wie aus dem Nichts.

Urknallartiges Entstehen bedeutet aber auch, dass nicht nur das Photon selbst, sondern auch der Raum für das Photon neu entsteht. In Bild 5 ist dieser Raum dargestellt als weiße Fläche. Die weiße Fläche steht hier symbolisch für den Raum, der an den schwarzen Punkt angrenzt und sich nach außen unbegrenzt ausdehnt. Der schwarze Punkt im Raum ist sozusagen die *Einladung* für das Photon, die Teilchen-Form des Licht, sich hier zu manifestieren. Das Aufblitzen von Raum und das Aufblitzen des Photons sind in Bild 6 zusammen dargestellt. Das graue Photon ist im schwarzen Punkt des Raums aufgeblitzt und überdeckt eigentlich den schwarzen Punkt. Um den schwarzen Punkt wieder sichtbar zu machen, ist in Bild 6 der schwarze Punkt im Raum leicht nach links versetzt dargestellt. Dadurch wird sichtbar, dass Raum primär ist und Form (Photon) folgt. In allen Graphiken ist das nicht-manifeste Potential symbolisch dargestellt als hellgraue Fläche im unteren Bereich der Graphik. Dieser Bereich ist wie eine Quelle, aus der sich Raum, Welle und Photon immer wieder *urknallartig* neu manifestieren.

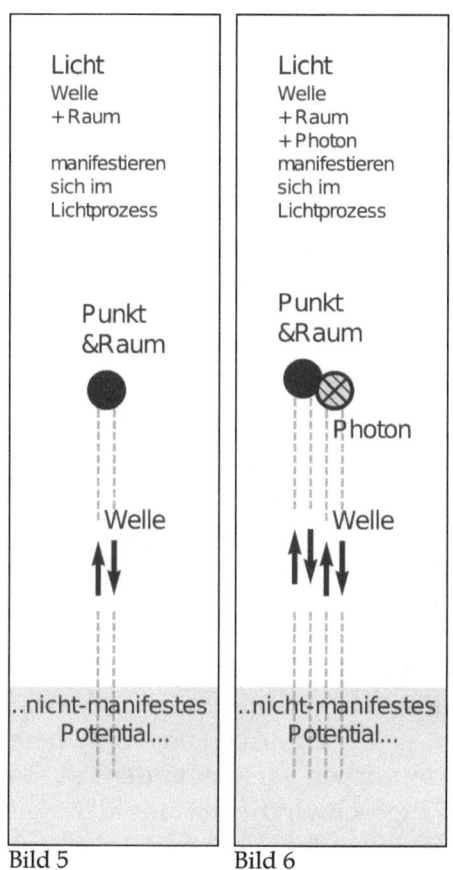

Bild 5   Bild 6

Die Pfeile zeigen symbolisch, dass hier Energie aufblitzt. Wenn dies mit der Frequenz des Lichts Billionen-fach pro Sekunde passiert, entsteht pulsierende Energie, die von der klassischen Physik als Welle interpretiert und als harmonische Schwingung dargestellt wird.

Beim Feuerwerk gibt es nach jeder Explosion ganze Salven von Lichtprozessen. Die Grafik in Bild 7 zeigt nacheinander angeregte Lichtprozesse, die sich ständig überlagern. Jeder einzelne dieser vielen Lichtprozesse wird dabei nur einmal zu Beginn angeregt und läuft dann von allein weiter dadurch, dass das Auflösen eines Photons einen weiteren Lichtprozess anregt und dessen Verschwinden den nächsten. Dadurch entsteht eine Sequenz von immer neuen, aufblitzenden Photonen. Jedes neue Photon blitzt nur kurz auf und löst sich sofort wieder auf. Deshalb kann sich ein einzelnes Photon auch nicht gleichzeitig fortbewegen. Dann stellt sich aber die Frage, wie es zu einer Bewegung des Lichts kommt, die wir als Lichtgeschwindigkeit bezeichnen. Beim Quantenmodell bewegt sich nicht ein einzelnes Photon durch den Raum, sondern eine Sequenz von immer neuen Photonen. In dieser Sequenz blitzen die neuen Photonen nacheinander auf, und zwar immer in einem gewissen Abstand von dem Photon, das gerade vorher verschwunden ist. So ergibt sich die Lichtgeschwindigkeit aus der Zeit zwischen zwei aufblitzenden Photonen, also aus der Frequenz des jeweiligen Lichts, und dem Abstand zwischen den beiden Photonen.

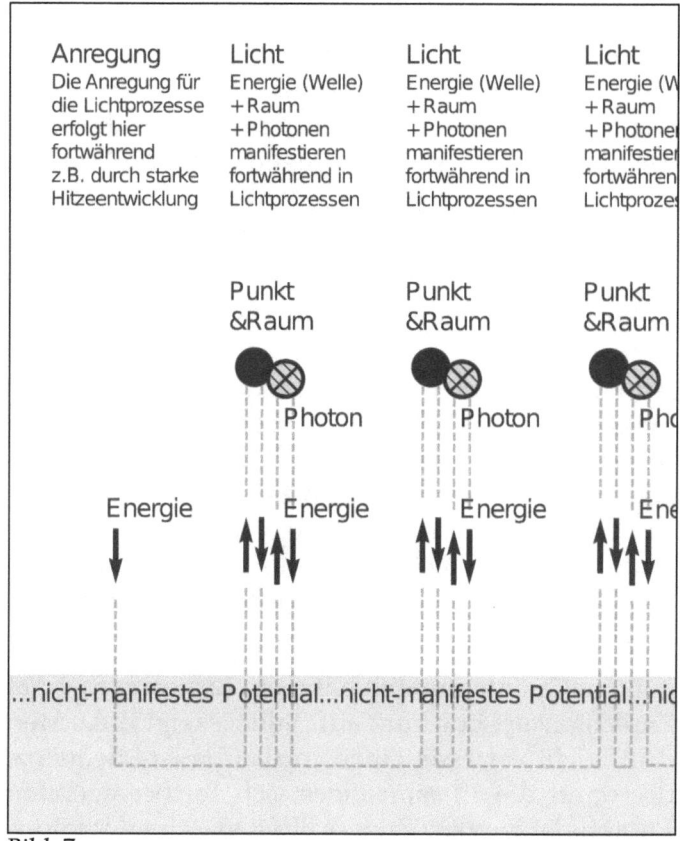

Bild 7

In Bild 7 haben alle drei Photonen den gleichen Abstand zueinander. Wenn das Licht dann in einen Glaskörper eintritt, muss der Abstand zwischen den aufblitzenden Photonen kleiner werden, da die Lichtgeschwindigkeit in Glas kleiner ist als in Luft. Beim Austritt aus dem Glaskörper wird dann der Abstand wieder blitzartig vergrößert. Dadurch kann das Licht ohne Beschleunigungsphase und ohne Energiezufuhr von außen beim Verlassen des Glaskörpers sofort wieder Fahrt aufnehmen. Aber wie *weiß* das Photon dann den jeweils richtigen Abstand? Dieses Wissen liegt als Gesetzmäßigkeit im nicht-manifesten Potential und blitzt für jedes neue Photon immer passend zur jeweiligen Umgebung neu auf.

Am Beispiel des Lichts wird der Unterschied zur Sichtweise der klassischen Physik und dem Quantenmodell deutlich. In der Modellvorstellung der klassischen Physik fliegt ein Photon vom explodierenden Feuerwerkskörper mit Lichtgeschwindigkeit los, ist während der ganzen Reise vom Explosionsort bis zu meinem Auge dauerhaft existent und bewegt sich mit Lichtgeschwindigkeit vorwärts. So trifft also das gleiche Photon auf mein Auge, das am Explosionsort losgeflogen ist.

Beim Quantenmodell blitzt ein Lichtprozesse am Explosionsort nur kurz auf. Bild 7 zeigt die ersten drei Lichtprozesse einer fortlaufenden Sequenz, die dann die Illusion eines sich fortbewegenden Photons erzeugen. Zum Aufblitzen eines Photons braucht es jedoch immer auch noch zusätzliche Bedingungen. Photonen blitzen nämlich nur auf, wenn Lichtprozesse in Wechselwirkung treten, zum Beispiel mit einem Messinstrument oder einem Auge. Erst beim Kontakt mit dem Augenhintergrund blitzen Energie und Photon eines Lichtprozesses auf und sorgen für einen Reiz in einem Rezeptor der Netzhaut. Beim Feuerwerk passiert diese Wechselwirkung zwischen Photonen und Rezeptor immer an dem Ort, wo ich gerade stehe. Wenn ich nun meinen Standort ändere, ändern auch die Photonen ihren Ort, an dem sie aufblitzen.

An dieser Stelle ist es vielleicht angebracht zu erwähnen, dass Modelle wie das Quantenmodell nur Gleichnisse sind, und keine Aussage, dass die Wirklichkeit so ist. Gleichnisse und Modelle können auf gewisse Aspekte der Wirklichkeit hinweisen, Zusammenhänge anschaulicher machen und so dazu beitragen, Wirklichkeit besser zu verstehen. Insofern kann das Quantenmodell hilfreich sein. Eine umfassende Antwort auf die Frage, was Licht nun wirklich ist, kann natürlich auch das Quantenmodell nicht geben. Es eröffnet aber eine neue Sichtweise mit weitreichenden Folgen, auf die ich in den folgenden Kapiteln weiter eingehen werde.

18

Aufblitzen erleben

Nachdem ich im letzten Kapitel die physikalische Seite des Lichts betrachtet habe, möchte ich nun hineinschauen in die Prozesse, die mich das Feuerwerk erleben lassen. Diese Vorgänge werde ich hier auch mit Hilfe des Quantenmodells beschreiben. Ausgelöst durch die Explosion eines Feuerwerkkörpers blitzen Salven von Lichtprozessen am Explosionsort auf, die sich in alle Richtungen ausbreiten. In Bild 8 ist links der Lichtprozess dargestellt, der gerade auf einen Rezeptor der Retina im Auge getroffen ist. Energie und Photon blitzen auf und verschwinden sofort wieder ins nicht-manifeste Potential. Das Auflösen des Photons führt dann zu einer Phase von *dazwischen*, einem Niemandsland, aus dem dann der erste elektrische Impuls im Rezeptor aufblitzt. Dann folgen, wie bei den Sequenzen von Photonen, auch hier wieder Sequenzen, diesmal von elektrischen Impulsen, die sich im Nerv fortpflanzen.

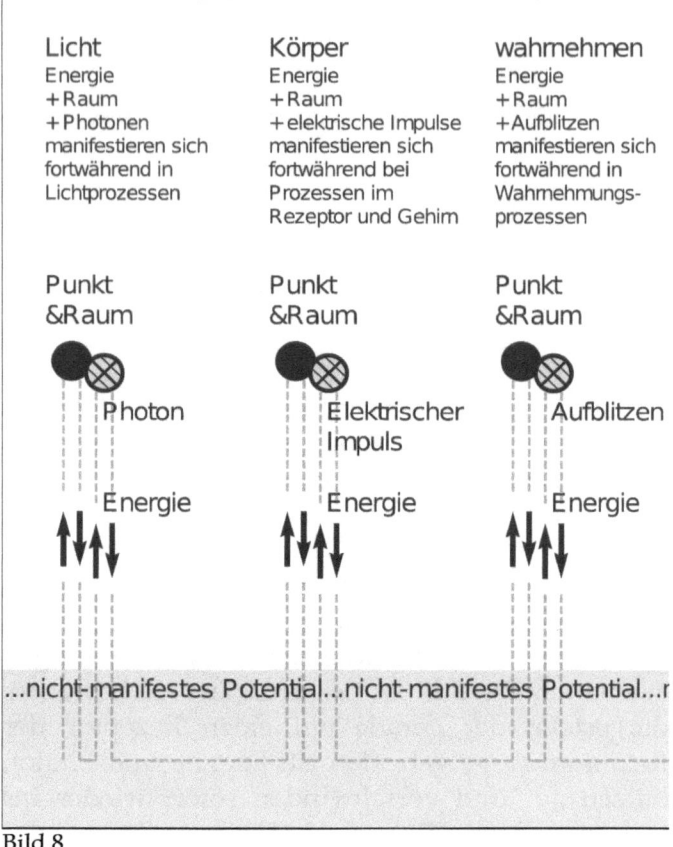

Licht	Körper	wahrnehmen
Energie	Energie	Energie
+ Raum	+ Raum	+ Raum
+ Photonen	+ elektrische Impulse	+ Aufblitzen
manifestieren sich	manifestieren sich	manifestieren sich
fortwährend in	fortwährend bei	fortwährend in
Lichtprozessen	Prozessen im	Wahrnehmungs-
	Rezeptor und Gehirn	prozessen

Punkt &Raum · Photon · Energie

Punkt &Raum · Elektrischer Impuls · Energie

Punkt &Raum · Aufblitzen · Energie

...nicht-manifestes Potential...nicht-manifestes Potential...r

Bild 8

Jeder Impuls einer solchen Sequenz ist ein neuer Impuls, blitzt, wie beim Photon im letzten Kapitel beschrieben, auch hier *urknallartig* aus dem nicht-manifesten Potential auf. Und da diese Sequenzen ständig angestoßen werden durch neue Lichtprozesse, kommt es zu einem gigantischen Neuronen-Gewitter im Gehirn. Jeder einzelne

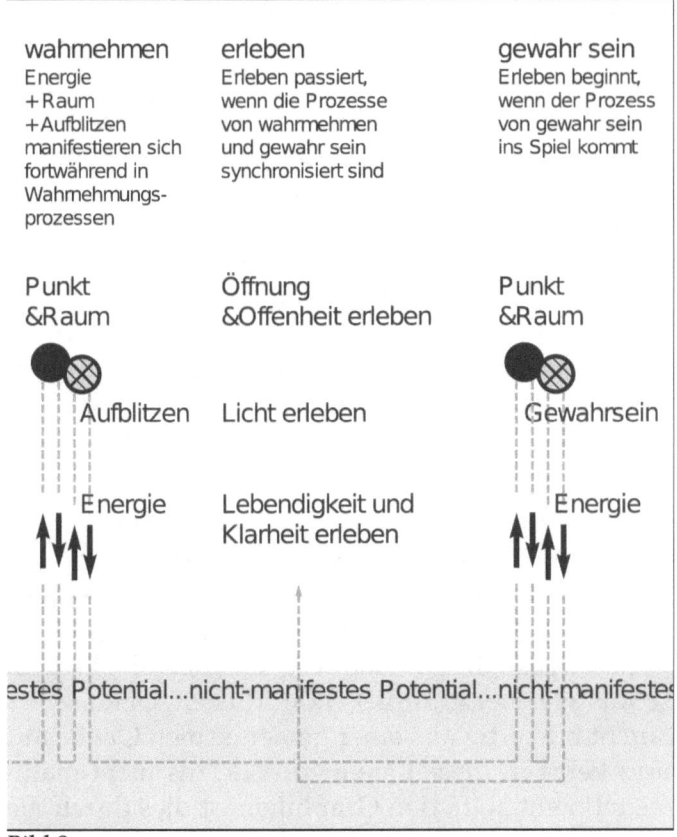

wahrnehmen
Energie
+ Raum
+ Aufblitzen
manifestieren sich
fortwährend in
Wahrnehmungs-
prozessen

erleben
Erleben passiert,
wenn die Prozesse
von wahrnehmen
und gewahr sein
synchronisiert sind

gewahr sein
Erleben beginnt,
wenn der Prozess
von gewahr sein
ins Spiel kommt

Punkt
&Raum

Öffnung
&Offenheit erleben

Punkt
&Raum

Aufblitzen

Licht erleben

Gewahrsein

Energie

Lebendigkeit und
Klarheit erleben

Energie

...estes Potential...nicht-manifestes Potential...nicht-manifestes

Bild 9

elektrische Impuls des Neuronen-Gewitters löst sich dann auch wieder auf im nicht-manifesten Potential. Das Neuronen-Gewitter, dargestellt als Prozess in Bild 8 unter der Überschrift *Körper*, ist Teil der materiellen Welt, der Wahrnehmungsprozess ist Teil der erlebten Welt. Beide Prozesse haben die gleiche Quelle, das nicht-manifeste Potential. Diese gemeinsame Quelle verbindet die materielle Welt mit der erlebten Welt, so dass lebendige Kommunikation stattfinden kann. Im Prozess von *wahrnehmen* tauchen dann sowohl der Raum als auch das Aufblitzen auf. Zum Erleben braucht es jedoch noch weitere Prozesse. Erleben kann ich ein Aufblitzen nämlich nur, wenn auch der Prozess von *gewahr sein* aktiv ist. Es reicht nicht, dass Augen und Gehirn aktiv sind, ich muss auch schon mal hingucken, dabei sein beim Feuerwerk. Wenn sich dann die Prozesse von *wahrnehmen* und *gewahr sein* synchronisieren, kann ich das Feuerwerk erleben.

Bild 8 und Bild 9 sind der linke und rechte Teil einer gemeinsamen Graphik. In Bild 8 gehören die Prozesse *Licht* und *Körper* zur sogenannten materiellen Welt. In Bild 9 sind die Prozesse der erlebten Welt dargestellt. Man kann sehen, dass alle Prozesse das gleiche, grundlegende Muster haben. Alles taucht blitzartig aus einer gemeinsamen Quelle auf und kehrt in diese Quelle zurück, ins nicht-manifeste Potential. In den Graphiken ist dies durch die aufwärts und abwärts gerichteten Pfeile symbolisch dargestellt. Zu jedem lebendigen Aufblitzen gehört immer auch ein Auflösen, ein Sterben als notwendige Bedingung dieser Lebendigkeit. Der Tod macht Platz, eröffnet den Raum, damit neues *lebendig-Sein* entstehen kann. Das neue Lebendige ist dann wie eine Art Auferstehung, wobei jedoch das Auferstandene nicht immer gleich aussieht wie das Verblichene. So stirbt das Photon beim Kontakt mit dem Augenhintergrund und als Reaktion blitzt dann kein neues Photon, sondern ein elektrischer Impuls auf. Auf diesem ersten Impuls folgt dann eine Sequenz von weiteren Impulsen im Sehnerv, wobei jeder einzelne immer frisch und neu aufblitzt, jedoch nicht irgendwie, sondern mit einer Erinnerung an den gerade Verstorbenen.

19

Sehen

Wenn ich auf das Bild 10 schaue, sehe ich zunächst so etwas wie eine graue Vase. Wenn ich dann weiter ganz entspannt auf die Vase schaue, kippt es plötzlich. Ich sehe weiße Profile von zwei Gesichtern, deren Nasen sich fast berühren. Und wenn ich nun weiter entspannt schaue, kippt das Bild wieder, und ich sehe wieder die Vase.

Dieses sogenannte Kippbild gibt uns nun die Möglichkeit, unsere Wahrnehmung besser zu verstehen. Wahrnehmen ist ein lebendiger und kreativer Prozess, und ich kann diese Lebendigkeit und Kreativität auch ganz direkt erleben, wenn ich einfach nur auf das Bild schaue. Da wechseln die Form der Vase und die Formen der beiden Gesichter ganz überraschend, ohne dass ich darauf einen Einfluss zu haben scheine.

Bild 10

Wenn ich die graue Vase sehe, sehe ich gleichzeitig auch den weißen Raum, der die Vase
umgibt. Das ist übrigens auch so bei allen unseren
unserer Wahrnehmungen im Alltag. Jeder Gegenstand, den wir sehen, ist immer von Raum umgeben. Die beiden passen immer perfekt zusammen,
bilden immer eine gemeinsame Grenze. Dort wo
der Gegenstand endet, fängt der Raum an und
umgekehrt. Raum und Form sind unmittelbar und
untrennbar verbunden, bedingen einander. Raum
und Form sind gleichberechtigte Aspekte in unserem Wahrnehmungsprozess. Wenn jetzt das Bild
kippt, sehe ich plötzlich den weißen Raum, der die
Vase umgibt als Form von zwei Gesichtern.

So wird die Vasenform nach dem Kippen zum Raum zwischen den beiden Gesichtern.

Beim Kippen des Bildes gibt es ein *entweder-oder:* entweder Vase oder Gesichter. Dann gibt es auch noch ein *sowohl-als auch:* sowohl Form als auch Raum. Die graue Fläche kann sowohl Form der Vase sein als auch Raum zwischen den Gesichtern. Und drittens gibt es da auch noch ein *weder–noch.* Zwischen dem Verschwinden der Gesichter und dem Auftauchen der Vase muss es eine Phase von *dazwischen* geben, bei der weder Vase noch Gesichter da sind. Aus dieser Phase des Wahrnehmungsprozesses, dem *weder-noch,* taucht dann die Vase plötzlich wie aus dem Nichts auf.

Im Buddhismus wird unsere Wahrnehmung manchmal mit dem Bild von einem Filmprojektor erklärt. Beim Filmprojektor werden Einzelbilder eines Films als Standbilder in schneller Folge auf eine Leinwand projiziert. Nach jedem projizierten Standbild wird der Film ruckartig zum nächsten Bild bewegt. Während dieser Bewegung zum nächsten Bild wird die Projektion unterbrochen, was dadurch erreicht wird, dass eine rotierende schwarze Blende in den Lichtstrahl geschoben wird. Während dieser Unterbrechung ist also weder das alte noch das neue Bild zu sehen. Auch beim Kippbild gibt es diese Phase des *dazwischen,* eine Phase von *weder* Vase *noch* Gesichter. Das ist wie eine Lücke - *Upps !* Wir sind erstaunt, es ist irgendwie magisch. Die Form der Vase bzw. die beiden Gesichter tauchen ganz unvermittelt auf, wie beim Magier, bei dem das Kaninchen plötzlich aus dem Hut springt. So erleben wir beim entspannten Betrachten dieses Kippbildes ganz einfach und direkt die Magie, Kreativität und Lebendigkeit unseres Wahrnehmungsprozesses.

Auch wenn das Beispiel des Filmprojektors sehr anschaulich ist, so ist es natürlich auch wieder nur ein Modell. Ein wesentlicher Unterschied zum Wahrnehmungsprozess besteht darin, dass beim Filmprojektor jedes Bild bereits vorher schon auf dem Film vorhanden ist, während beim Wahrnehmungsprozess jedes einzelne Bild nach jedem *dazwischen* neu entsteht, und zwar nicht nur die Form , sondern auch der dazu gehörende Raum.

Zur Erklärung der Prozesse, die beim Sehen zusammenspielen, kann auch hier wieder das Quantenmodell hilfreich sein. Hierzu gibt es drei Graphiken in Bild 11-13 auf der folgenden Seite.

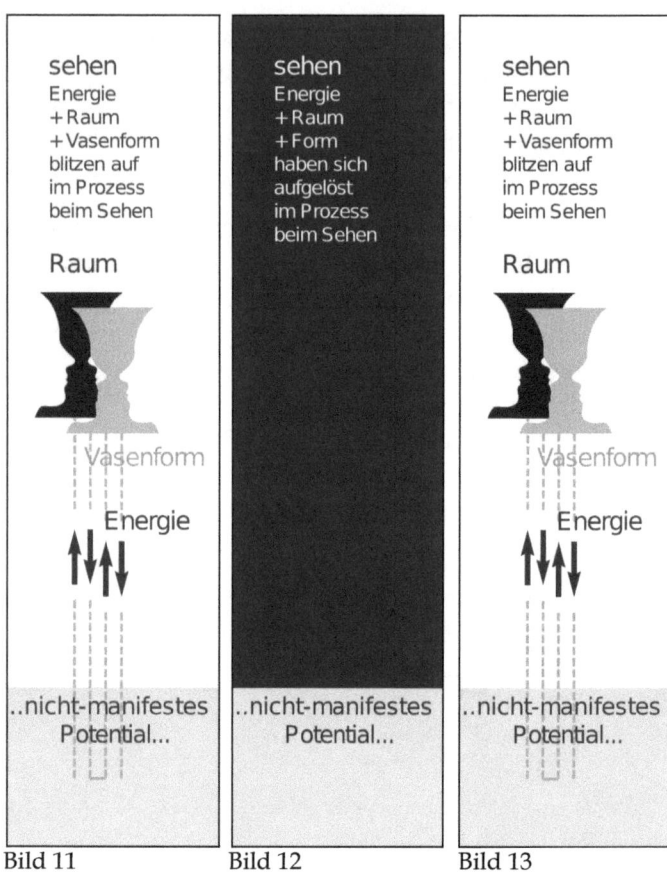

sehen
Energie
+ Raum
+ Vasenform
blitzen auf
im Prozess
beim Sehen

Raum

Vasenform

Energie

..nicht-manifestes
Potential...

Bild 11

sehen
Energie
+ Raum
+ Form
haben sich
aufgelöst
im Prozess
beim Sehen

..nicht-manifestes
Potential...

Bild 12

sehen
Energie
+ Raum
+ Vasenform
blitzen auf
im Prozess
beim Sehen

Raum

Vasenform

Energie

..nicht-manifestes
Potential...

Bild 13

Beim Sehen blitzen Form und Raum der grauen Vase aus dem nicht-manifesten Potential auf. Die schwarze Vasenform entsteht durch das Aufblitzen des Raums, hier dargestellt als weiße Fläche. Diese schwarze Vasenform ist sozusagen der frei gehaltene Platz, in dem sich dann die graue Vasenform manifestiert. Die graue Form überdeckt eigentlich die schwarze, ist hier aber leicht versetzt dargestellt. Form und Raum der Vase blitzen aber nur kurz auf und lösen sich sofort wieder auf im nicht-manifesten Potential. Bevor die Vasenform erneut aufblitzt gibt es ein *dazwischen*, hier dargestellt als schwarze Fläche in Bild 12.

Bild 12 steht für die Phase von *dazwischen*, von der zu Beginn diese Kapitels schon die Rede war. In dieser Phase von *dazwischen* ist weder Raum noch Form manifest und so ist alles, was danach aufblitzt, immer total neu, auch wenn das Neue in Bild 13 so aussieht wie das Alte in Bild 11. Was unverändert bleibt ist das nicht-manifeste Potential, weil jede Manifestation von Raum und Form, die aus dem nicht-manifesten Potential aufblitzt, sich auch gleich wieder zurück in dieses Potential auflöst.

Die Graphiken zeigen, dass das Aufblitzen aus dem nicht-manifesten Potential der Beginn ist für alles, was beim Sehen auftaucht. Im Aufblitzen kommt Energie ins Spiel, und beim Auflösen entspannt sich diese Energie zurück ins nicht-manifeste Potential. Das Auflösen ist dabei immer auch Anregung für einen weiteren, kreativen Prozess. Aufblitzen und Auflösen sind Phasen in einem ausgewogenen und wirkungsvollen Spiel aus Spannung und Entspannung. So wie der Pfeil beim Abschuss von einem Bogen erst losfliegt, wenn der Bogen sich ganz entspannt hat, wird alles, was sich manifestiert, auch immer erst auftauchen, nachdem die vorangegangene Aktivität sich vollkommen aufgelöst hat. Im Quantenmodell wird damit auch ein grundlegend neues Verständnis über das Zusammenwirken von Ursache und Wirkung deutlich. Erst nachdem sich eine Ursache völlig aufgelöst hat, kann sich eine entsprechende Wirkung manifestieren.

Warum lebendiges Sehen passiert, wird immer ein großes Geheimnis bleiben. Auch das Quantenmodell hat nicht den Anspruch, diese Frage zu beantworten. Aber mit Hilfe dieses Modells wird eine grundlegende Struktur sichtbar, ein Muster, das bei allen lebendigen Prozessen zu finden ist. Eine Farbe springt mir ins Auge, blitzt plötzlich unerwartet auf, und weckt mich auf. Es sind zyklische Prozesse, eine ständige Kommunikation mit dem nicht-manifesten Potential als Quelle. Es fühlt sich lebendig an, weil der Sehprozess immer lebendig ist. Ich kann Farben frisch und neu erleben, kann mich angesprochen fühlen von einer Farbe, kann mich von ihr berühren lassen. Ein solcher lebendiger Moment im Erleben wird auch *Jetztheit* genannt. Zu jedem *.jetzt.* gehört auch immer ein *dazwischen,* wo das alte *.jetzt.* nicht mehr, und das neue *.jetzt.* noch nicht manifest sind. Mit jedem Verschwinden eines *.jetzt.* wird der Start für das nächste *.jetzt.* eingeleitet. Es gibt also kein einzelnes *.jetzt.*, sondern immer nur eine Folge von *.jetz.jetzt.jetzt..* Die Punkte im Schriftzug symbolisieren die Lücken zwischen jedem einzelnen Moment von *.jetzt..* Das kleingeschriebene *.jetzt.*

bringt zum Ausdruck, dass jedes *.jetzt.* ein Prozess ist und kein Ding.

In den buddhistischen Lehren wird gesagt, dass die Abfolge von frischen Momenten von *.jetzt.* sehr schnell passiert, 360-mal während eines Finger-schnippens[05]. Sakyong Mipham schreibt dazu[06]: *Der Urknall unseres Bewusstseins geschieht genau in diesem Augenblick.* Sakyong Mipham benutzt hier den Begriff Urknall, um auf die Besonderheit beim Entstehen eines jeden neuen *.jetzt.* hinzuweisen. In jedem neuen *.jetzt.* blitzen immer sowohl neuer Raum als auch neue Form auf, es *urknallt* also kontinuierlich mit jedem neuen *.jetzt.* Einen Geschmack davon kann ich erhaschen, wenn das Kippbild umspringt oder wenn mich etwas Über-raschendes aus meinen Tagträumen reißt. Da jedes *.jetzt.* die grundlegenden Qualitäten hat, offen, ein-zigartig, lebendig und klar zu sein, kann ich diese Qualitäten auch beim *wahrnehmen* im Alltag ganz direkt erleben.

Im Alltag erlebe ich die kontinuierliche Abfolge von aufblitzenden Momenten von .jetzt. aber nicht in Form von Einzelereignissen, sondern, ähnlich wie beim Betrachten eines Films, als zusammen-hängendes, bewegtes Geschehen. Mein Geist macht also aus den digitalen Wahrnehmungspro-zessen ständig analoges Erleben. Die digitale Natur blitzt aber dennoch in meiner Wahrneh-mung immer wieder Mal durch, z.B. beim plötzli-chen Umspringen von der Vase zu den beiden Gesichtern.

20

Sprechen

Ein Wort besteht aus der Folge von einzelnen Silben. Dazwischen gibt es jeweils einen Zwischenraum, eine kleine Pause. Wenn ich z.B. das Wort *Paris* ausspreche, und dabei zwischen den beiden Silben eine größere Pause mache, kann ich diese Lücke deutlich erleben: *Pa – Lücke - ris*. Wenn ich jetzt die Pause zwischen den beiden Silben kürzer mache, werden die Zeiten von Lücke zwar immer kleiner, aber sie verschwinden nicht. Sie bleiben als Momente von Lücke auch bei der schnellen Abfolge der Silben beim Sprechen erhalten. Ich erlebe aber die einzelnen Silben und die Momente der Lücke nicht einzeln für sich, sondern als *geglättete Version*, als ganzes Wort, das aus der Stille des offenen Raums auftaucht: *Paris*. Und dann ist da ganz plötzlich und unvermittelt auch die Bedeutung des Wortes präsent. Die zwei Silben ergeben einen Sinn, werden zum Namen der französischen Hauptstadt.

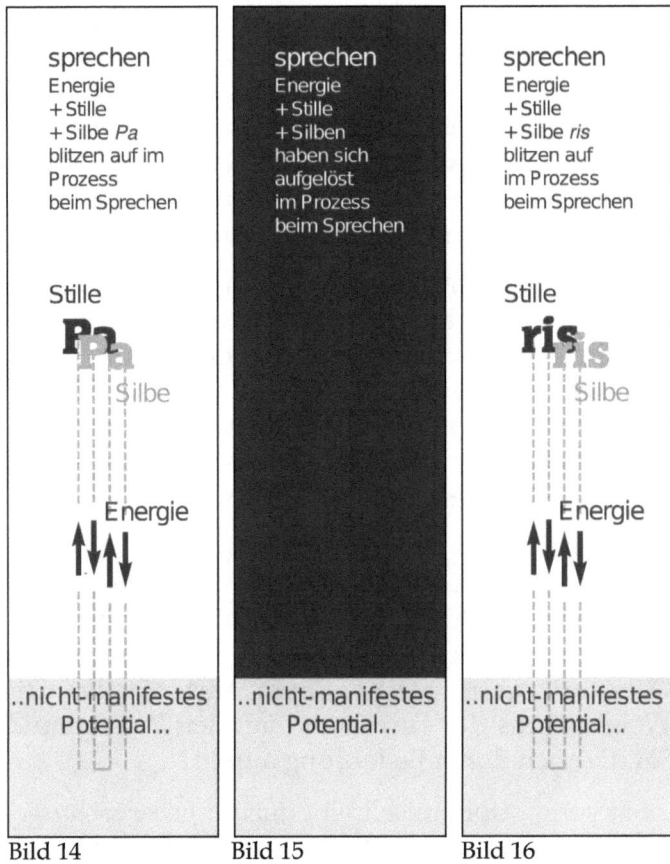

sprechen	sprechen	sprechen
Energie	Energie	Energie
+ Stille	+ Stille	+ Stille
+ Silbe *Pa*	+ Silben	+ Silbe *ris*
blitzen auf im	haben sich	blitzen auf
Prozess	aufgelöst	im Prozess
beim Sprechen	im Prozess	beim Sprechen
	beim Sprechen	

Stille

Pa

Silbe

Energie

..nicht-manifestes
Potential...

..nicht-manifestes
Potential...

Stille

ris

Silbe

Energie

..nicht-manifestes
Potential...

Bild 14   Bild 15   Bild 16

Beim Sprechen sind also einzelne Silben immer unterbrochen durch eine Lücke, die hier in Bild 15 dargestellt ist. Die Bilder 14 - 16 zeigen die gleiche Sequenz, wie ich sie schon beim Sehen im letzten Kapitel beschrieben habe.

Beim Sehen blitzen Raum&Form zusammen auf, beim Sprechen Stille&Silbe. Das schwarze *Pa* bzw. das schwarze *ris* sind dabei sozusagen die Einladung der Stille für die Silben, sich hier zu manifestieren. Um das gesprochene Wort zu hören, müssen auch hier alle Prozesse mit dem Prozess von Gewahrsein synchronisiert sein.

In der Musik sind es anstelle der Silben Töne, die aus der Stille auftauchen. Dabei sind für die meisten Menschen die Töne im Vordergrund. Man kann den Akzent aber auch auf die Stille legen, was der bekannte Jazztrompeter Miles Davis einmal so ausgedrückt hat: *Die wahre Musik ist die Stille, und jede Note dient der Stille nur als Rahmen.*

Beim Prozess des Sprechens gibt es also drei notwendige Phasen: Stille, Silbe und Lücke. Die Lücke ist eine Art von Niemandsland, wie weiter und offener Raum jenseits von Stille und Silbe. Dabei ist dieser offene Raum auch Quelle von Weisheit, aus der zusammen mit den Worten und Sätzen auch deren Bedeutung aufblitzt.

Sakyong Mipham schreibt dazu[07]: *Bevor sie ausgedrückt werden, werden Worte, sowie die Konzepte und Ideen hinter den Worten, durch Weisheit formuliert. Danach lösen sie sich auf, zurück in diese Weisheit. Ohne Weisheit könnten Worte nicht einmal formuliert werden, ohne Weisheit wären Worte bedeutungslos.*

21

Kommunikation

Mit dem Begriff Kommunikation ist häufig die Vorstellung verbunden, dass Menschen miteinander reden. Eine Person A sagt *Hi* und begrüßt damit eine andere Person. Diese Person B hört das *Hi*, und so entwickelt sich die Kommunikation und es kommt vielleicht zu einer lebhaften Unterhaltung zwischen den beiden. Zur Kommunikation gehört aber weit mehr als nur der Austausch von Worten. Tonfall, Mimik und Gestik haben alle ihre eigenen Botschaften, die Kommunikation zu einem sehr komplexen Prozess machen. Darüber hinaus braucht selbst ein einfaches Gespräch viele äußere Bedingungen, damit es überhaupt zustande kommt und noch mehr Bedingungen, damit die Gesprächspartner einander verstehen, z.B. eine gemeinsame Sprache. Ich will hier nicht so sehr auf die vielen Einzelheiten eingehen, sondern möchte das grundlegende Muster von Kommunikation beleuchten und dazu auch wieder das Quantenmodell heranziehen.

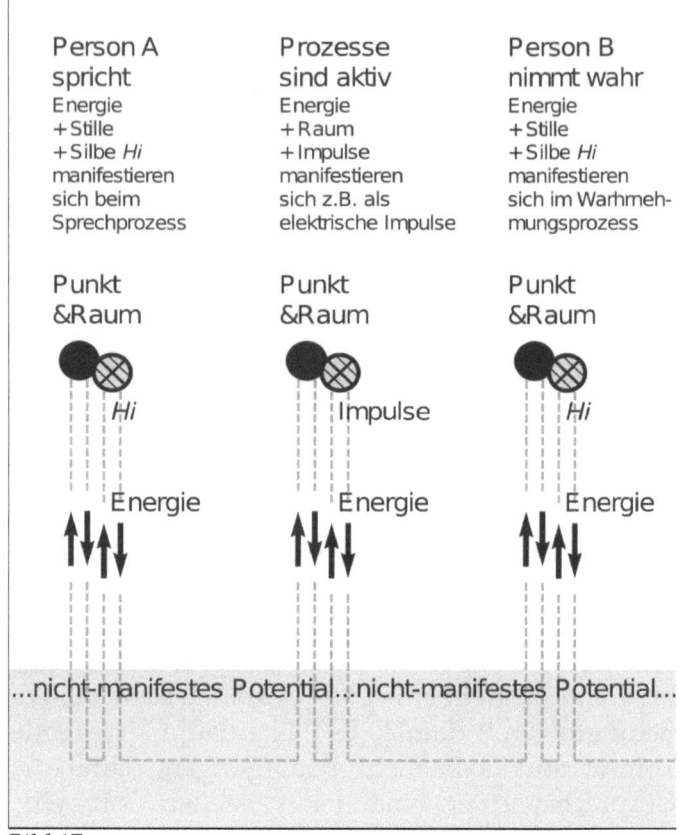

Bild 17

Bild 17 zeigt, wie das *Hi* der Person A entsteht. Stille und Silbe *Hi* blitzen zusammen aus dem nicht-manifesten Potential auf und lösen sich sofort wieder auf. Dieses *Hi* geht nun einher mit Prozessen in der sogenannten materiellen Welt:

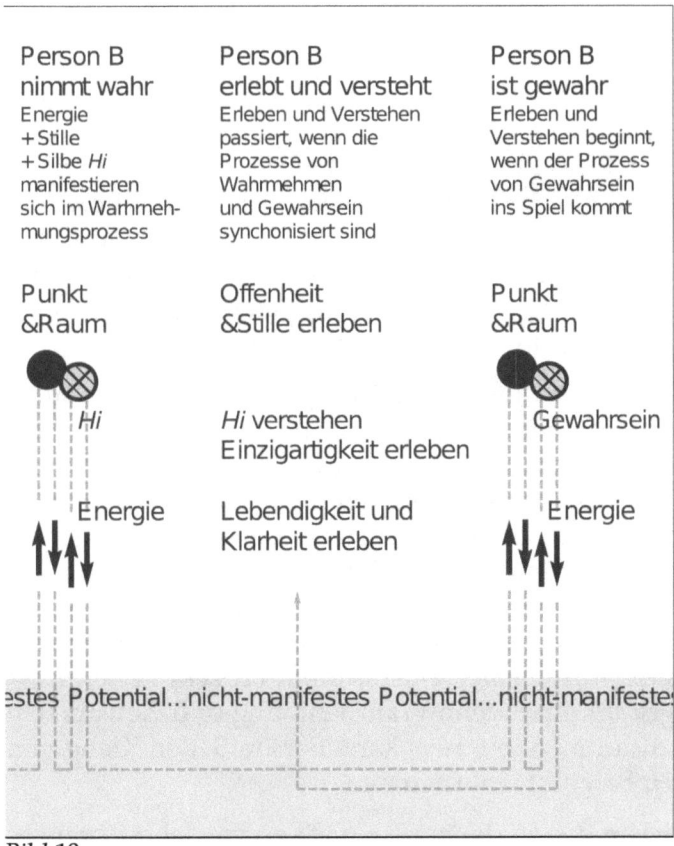

Bild 18

Stimmbänder vibrieren und Schallimpulse entstehen. Und wenn Person A das *Hi* in ihr Smartphone haucht, dann passieren auch noch viele weitere Prozesse, z.B. in Rechnern der Provider und im Smartphone der Person B. Hier entstehen dann auch wieder Schallimpulse in der Luft, und im Gehirn der Person B können elektrische Impulse gemessen werden. In Bild 17 steht der Prozess mit der Überschrift *Prozesse sind aktiv* stellvertretend für all diese einzelnen Prozesse in der sogenannten materiellen Welt. Nach dem Quantenmodell haben alle Prozesse die gleiche Quelle und das grundlegend gleiche Muster. Bei der Kommunikation sind sie aktiv, was aber nicht bedeutet, dass z.B. schwingende Luft die Nachricht überträgt. Wir können lebendige Kommunikation auch ohne schwingende Luft erleben, z.B. im Traum.

Das Quantenmodell zeigt den Wahrnehmungsprozess von Person B in Bild 18 unter der Überschrift *Person B nimmt wahr.* Damit das *Hi* aber bewusst wird, muss der Prozess von Wahrnehmung mit dem Prozess von Gewahrsein synchronisiert werden. Diese Synchronisation ist in Bild 18 dargestellt. Die grauen, gestrichelten Linien im nicht-manifesten Potential verbinden den Prozess *Person B nimmt wahr* mit dem Prozess *Person B ist gewahr.* Erst wenn Wahrnehmung und Gewahrsein zusammenkommen, kann Person B den Klang von *Hi* bewusst wahrnehmen.

Um das *Hi* dann auch noch zu verstehen, braucht es aber noch weit mehr als nur den Klang. Ohne den Hintergrund von gemeinsamer Sprache und Kultur bleibt ein gehörtes Wort unverständlich. Zum Verstehen müssen also Wissen und Klang zusammenkommen. Dieses Wissen blitzt zusammen mit Gewahrsein aus dem nicht-manifesten Potential auf, und so können wir gleichzeitig hören und verstehen. Und wenn Person B wirklich hinhört, kann sie das *Hi* in einer Atmosphäre von Offenheit erleben: klar, lebendig, und einzigartig.

In der Graphik kann man erkennen, dass jeder einzelne Prozess in der gesamten Kommunikation immer als Auf und Ab passiert, als Austausch mit der gemeinsame Quelle, dem nicht-manifesten Potential. Wenn man das konsequent weiterdenkt, dann ist bei einem Gespräch von zwei Personen nicht die Person A das unmittelbare Gegenüber von Person B. Das direkte Gegenüber für Person B ist vielmehr das, was aus dem nicht-manifesten Potential im Erleben bei Person B aufblitzt. Dabei sind beide Personen über diese gemeinsame Quelle immer untrennbar miteinander verbunden.

Diese Verbindung ist tiefgründig, immer wirksam und blitzt als *verbunden-Sein*, als Phase von *eins-Sein* oder Kommunion, bei jeder Art von Kommunikation auf. Die Graphiken in Bild 17 und 18 zeigen, dass diese Phasen von Kommunion im gemeinsamen, nicht-manifesten Potential liegen. Diese Phasen von *eins-Sein* bilden die Grundlage nicht nur für unsere zwischenmenschliche Kommunikation, sondern sind auch die Basis für alle Prozesse im gesamten Universum.

Meist ist Kommunikation verbunden mit verschieden Prozessen in der sogenannten materiellen Welt, z.B. mit Schallimpulsen, aber es geht auch ohne. Ein paar Beispiele für diese *direkte Kommunikation* machen das vielleicht deutlich.

Manchmal spüren wir z.B. den Blick eines Menschen in unserem Rücken, ohne dass wir die Person sehen. Oder wir denken an jemanden, und da klingelt auch schon das Telefon, und diese Person ist in der Leitung. Es gibt die Geschichte von einer Mutter, die in der Nacht aus dem Schlaf hochschreckt mit einer Ahnung, dass etwas ganz Schlimmes passiert ist, und dann kommt am nächsten Morgen die Nachricht, dass ihr Sohn bei einem Autounfall in der Nacht ums Leben gekommen ist, genau zu dem Zeitpunkt, zu dem sie aus dem Schlaf gerissen wurde. Auch im Tierreich kann man direkte Kommunikation beobachten, z.B. bei den Meeresschildkröten. Die paddeln als einsame Wanderer irgendwo verstreut in den Weltmeeren herum, um sich dann plötzlich ganz zielgerichtet auf eine lange Reise zu begeben. Das Timing für diesen Aufruf zum Reisen ist so abgestimmt, dass tausende von Schildkröten trotz unterschiedlicher Entfernungen zum Zielort nahezu gleichzeitig am Strand ihrer Geburt ankommen. Bei dieser Massenversammlung paaren sie sich dann und legen innerhalb weniger Tage ihre Eier im Sand ab. Danach verschwinden sie sofort wieder in den Weiten des Ozeans.

Direkte Kommunikation ist auch bei unseren alltäglichen Gesprächen immer wirksam. Prof. Dürr beschreibt das in einem seiner Vorträge[04]. Er sagt, dass wir uns in einem Gespräch eigentlich immer nur gegenseitig daran erinnern, was wir bereits schon wissen. Dieses Wissen ist zunächst wie eine Ahnung, die sehr subtil ist und uns keine konkreten Anhaltspunkte gibt. Wenn wir dieser Ahnung Raum geben, kann es in einem Gespräch zu einem wirklichen, kreativen Austausch kommen. Ahnung leitet uns auch beim alltäglichen Handeln. Sie liegt vor dem Wissen und gehört deswegen in den Bereich des Unbewussten. Manchmal wundern wir uns dann im Nachhinein, wo wir plötzlich gelandet sind und nennen es wahlweise einen verrückten Zufall oder eine glückliche Fügung des Schicksals.

Erleben entsteht auf magische Art und Weise, wenn die Prozesse von *wahrnehmen* und *gewahr sein* synchronisiert sind. Meistens geht diese Synchronisation einher mit Prozessen der materiellen Welt. So können z.B. Schallimpulse in der Luft und schwingende Trommelfelle im Ohr den Prozess von *wahrnehmen* anstoßen, und so können wir dann Töne oder Worte deutlich hören. Dies ist in Bild 17 und Bild 18 durch graue, gestrichelte Linien im nicht-manifesten Potential symbolisch dargestellt. Es gibt aber auch lebendige Wahrnehmung, ohne dass dabei der Anstoß aus der sogenannten äußeren Welt kommt, z.B. wenn wir träumen. Unser Gehirn ist auch beim Träumen aktiv, elektrische Impulse blitzen auch hier auf aus dem nicht-manifesten Potential, diesmal aber ohne dass dabei Schallimpulse und schwingende Trommelfelle beteiligt sind. Unser Erleben im Traum und unser Erleben im Alltag beruhen auf den gleichen, grundlegenden Prozessen. Wegen dieser gemeinsamen Grundlage wird im Buddhismus auch gesagt, dass wir alles, was wir im Alltag wahrnehmen, wie einen Traum betrachten können.

Direkte Kommunikation ist nicht nur die Grundlage der erlebten Welt, sondern auch die Basis der Kommunikation in der materiellen Welt. Physikalische Experimente zeigen das eindrucksvoll, z.B. das sogenannte *EPR-Experiment*. Hierbei wurden Photonen mit zwei Messgeräten beobachtet, die mehr als zehn Kilometer voneinander entfernt aufgebaut waren. Von einer weiteren Station zwischen den Messgeräten wurden sogenannte verschränkte Photonen (Photon A1 und A2) zu beiden Geräten geschickt. Wenn man nun in einer der beiden Messstationen z.B. den Spin des Photons A1 änderte, dann änderte das Photon A2 in der zehn Kilometer entfernten, zweiten Station ebenfalls seinen Spin, und zwar zeitgleich. Das würde bedeuten, dass eine Botschaft zwischen den beiden Messtationen mit einer Geschwindigkeit hätte laufen müssen, die größer als Lichtgeschwindigkeit ist. Nach Einstein sind Geschwindigkeiten höher als die Lichtgeschwindigkeit nicht möglich, und deshalb hat Einstein diese Art von Kommunikation wohl auch als *geisterhafte Fernwirkung* bezeichnet.

Wenn man diese Fernwirkung aber mit Hilfe des Quantenmodell betrachtet, wird klar, dass sie überhaupt nicht geisterhaft, sondern einfach eine

Form von direkter Kommunikation ist. Photon A1 ist nämlich über das nicht-manifeste Potential immer schon mit Photon A2 verbunden, und deshalb *weiß* das Photon A2 beim Aufblitzen im Messgerät, dass das Photon A1 im zehn Kilometer entfernten, zweiten Messgerät gerade seinen Spin geändert hat. Diese Versuche wurden mit verschränkten Photonen durchgeführt, weil durch die Verschränkung störende Überlagerungen durch andere Prozesse verringert, und dadurch die Effekte überhaupt erst messbar wurden.

Direkte Kommunikation ist sowohl in der erlebten als auch in der sogenannten materiellen Welt wirksam. Sakyong Mipham nennt sie natürliche Kommunikation oder Drala[08]:

In Shambhala ist Gutheit nicht nur Kommunikation unter den Menschen; sie ist auch Kommunikation mit den Elementen und allen Lebewesen. Dies wird Drala genannt, die natürliche Kommunikation, die sich in unserer Umwelt ständig vollzieht. Die Wechsel von Ebbe und Flut, der Gesang der Vögel, Menschen, die einander küssen – das alles sind lebendige Anzeichen für den allem innewohnenden Wunsch nach Kommunikation, der sich in sämtlichen Beziehungen bemerkbar macht. Es ist diese Wärme, die uns verbindet. Der Tanz zwischen den Elementen und unserer Wahrnehmung ist ein Tanz zwischen dem männlichen und weiblichen Prinzip: Unsere Sinne und unsere Umwelt greifen stets ineinander. Auch das ist erleuchtete Gesellschaft – die reine, klare Kommunikation der lebendigen Welt.

22

Rechnen und lernen

Dass drei und vier gleich sieben ist, weiß doch jedes Kind. Kinder lernen mit den Fingern zu rechnen und finden das Ergebnis, indem sie ihre Finger zählen. Später benutzen sie dann vielleicht auch wieder ihre Finger, aber diesmal, um die Aufgabe in die Tastatur ihres Computers einzutippen. Dann arbeitet der Computer und zeigt das Ergebnis auf dem Bildschirm an. In beiden Fällen nennt man das rechnen. Anstelle des Wortes *rechnen* könnte man aber auch sagen: *ein Ergebnis finden.* Das Wort finden bedeutet, dass das, was man dann findet, vorher bereits da gewesen sein muss. Das heißt also, dass wir rechnen, um zu finden, was bereits schon da ist. Das Ergebnis *sieben* ist eigentlich immer schon da, es blitzt als Zahl 7 dann beim Rechnen einfach nur auf, wird einfach nur manifest aus dem *nicht-Manifesten*, aus dieser Quelle von Weisheit, wo jedes Rechenergebnis als Potential immer schon bereit war, Wissen zu werden.

Rechnen ist also Kommunikation mit dieser Quelle und das gilt für ein Kind genauso wie für einen Computer.

Das Quantenmodell beschreibt alle Prozesse als Kommunikation mit dem nicht-manifesten Potential und das gilt sowohl beim Rechenprozess im Computer als auch beim Kopfrechnen. So wie beim Oszillieren im Computer-Chip passieren auch beim Aufblitzen elektrischer Impuls im Gehirn millionenfache Ein/Aus-Schaltungen. Und bei jedem Umschalten gibt immer diese Phase von *dazwischen*, also eine Phase von *nicht mehr Aus* und *noch nicht Ein* bzw. von *nicht mehr Ein* und *noch nicht Aus*. Und weil bei jedem *dazwischen* das Tor zur Weisheit des nicht-manifesten Potentials immer wieder neu geöffnet wird, kann die Weisheit dieser Quelle auch als frisches Wissen jedes Mal neu aufblitzen.

Der Prozessor des Computers besteht im wesentlich aus einfachen, elektronischen Schaltelementen, die blitzschnell zwischen Ein und Aus, bzw. zwischen Eins und Null hin und her schalten. Das Wesentliche dabei sind nicht die Einsen und die Nullen selbst, sondern die Phase von *dazwischen* beim Wechsel von Null nach Eins und von Eins nach Null. Wenn man diese Ein/Aus-Schalter auf dem Chip parallel und in Serie kombiniert, ergeben sich die sogenannten Gates (engl. für Tore). Es gibt z.B. sogenannte *und-Tore, sowohl-als-auch-Tore* und auch sogenannte *Speicher-Tore*. Das Wort Tor weist schon darauf hin, dass hier eine Art von

Durchgangsverkehr stattfindet. So ist das Tor mit dem Namen *Speicher-Tor* dann wohl auch für den Durchgangsverkehr zum Speicher zuständig. Auf dem Chip liegen also zunächst einmal nur die Tore zum Transfer der Daten, durch die dann die Daten zum Speicher gelangen. Beim Arbeiten der Speicher-Tore blitzen Phasen von *dazwischen* Billionenfach auf, und diese Phasen liegen alle immer im nicht-manifesten Potential. So macht es Sinn anzunehmen, dass der Speicherort für die Daten auch dort liegt. Das nicht-manifeste Potential wird häufig auch mit der Metapher vom unendlich weiten Himmel beschrieben, was korreliert mit der Computersprache, in der man vom Speicherort als Cloud, als Wolke, spricht.

So würde sich eine sinnvolle Aufgabenteilung ergeben. Die Aufgabe des Chips wäre es, für möglichst zügigen Datenverkehr zu sorgen. Je mehr Tore als Hardware auf dem Chip sind, desto mehr Datenfluss könnte stattfinden. Die Daten würden dann in der Cloud landen, im *nicht-Manifesten*. Der Speicherchip ist durch die Qualität und Anzahl seiner Tore begrenzt, schafft vielleicht 100 GB an Daten hin- und her zu schaufeln. Die Speicherfähigkeit der Cloud aber kennt keine GB-Grenze. Hier könnten Daten unbegrenzt gespeichert werden.

Was wir Rechnen und Abspeichern nennen, ist eigentlich Kommunikation mit dem nicht-manifesten Potential. Beim Rechenvorgang wird durch eine komplexe Folge von Ein/Aus-Schaltungen im

Chip bzw. im Gehirn der Zugang zur Weisheit des nicht-manifesten Potentials geöffnet. So kann Weisheit zu Wissen werden. Das Kind sagt dann *sieben* und auf dem Computerbildschirm erscheint die 7 als Zahl.

Und so wie beim Rechnen ist auch das Lernen Kommunikation mit dem nicht-manifesten Potential als Quelle. So kann jedes Kind grundsätzlich schon laufen, bevor es anfängt das auszuprobieren. Da gibt es zwar noch ein paar unbeholfene Versuche mit kleinen Zwischenfällen, aber dann blitzt die Fähigkeit zu laufen unwiderstehlich durch. Auch Jungvögel können grundlegend immer schon fliegen, da braucht es kein Anlernen von den Vogeleltern, nur vielleicht einen kleinen Schubser vom Nestrand. Laufen lernen oder Fliegen lernen beruhen auf der Zuversicht der Beteiligten, es schon zu können. Es passiert, wenn die Verbindung sich öffnet zu dem, was bereits angelegt ist im *nicht-Manifesten*. Dieser Prozess des Lernens, des Aufdeckens von etwas, was bereits schon da ist, geht oft ganz mühelos, manchmal aber nur über hartes Training und viele Wiederholungen.

Ein Beispiel für Mühelosigkeit ist der Gebrauch unserer Sinne. Sehen, hören, riechen, schmecken und tasten decken einfach von ganz allein all die Farben, Formen, Töne und Gerüche auf, die wir erleben. Auch die Kreativität von Künstlern macht deutlich, dass sie etwas aufdecken, was bereits potentiell schon da ist.

So beschreiben z.B. Musiker, dass ihre Kompositionen einfach durch sie hindurchgeflossen sind, und sie das Ergebnis nur noch als Partitur niederschreiben mussten. Das passiert natürlich nicht ohne Voraussetzungen. Es braucht neben der musischen Begabung noch eine gute Ausbildung, viel praktisches Können und große Hingabe. Wenn sich dann die Tore zum *nicht-Manifesten* öffnen, strömt es ganz einfach. Dann sagt man vielleicht, dass der Künstler von seiner Muse geküsst wurde.

Ganz besonders spektakulär sind auch Fälle, bei denen Menschen plötzlich spontan eine fremde Sprache verstehen und sprechen konnten, ohne diese vorher gelernt zu haben. In einer Dokumentation wurde auch ein Fall geschildert, wo ein Mann nach einer Kopfverletzung bei einem Badeunfall plötzlich Klavier spielen konnte, ohne vorher jemals die Tasten eines Klaviers berührt zu haben. Das Quantenmodell liefert hier einen Hinweis, wie solche sehr seltenen Fälle passieren konnten, nämlich als ungewöhnliche Zuordnung von Speicherinhalten im Bereich des nicht-manifesten Potentials.

23

Materie

Heute betrachtet man die Welt meistens als zusammengesetzt aus Atomen, die wiederum aus Elementarteilchen bestehen. Neutronen und Protonen bilden den Kern und darum herum eine bestimmte Anzahl von Elektronen. Auch Elementarteilchen bestehen wiederum aus noch kleineren Teilchen, z.B. den Quarks oder Leptonen. Allen diesen Teilchen wird eine gewisse Lebensdauer zugeschrieben, und so werden Atome und damit Materie betrachtet als etwas, was über einen kürzeren oder längeren Zeitraum dauerhaft existiert. Der bekannte Quantenphysiker Prof. Dürr, der sein ganzes Leben mit Forschung an Elementarteilchen zugebracht hat, widerspricht dieser Auffassung und schreibt ein Buch mit dem Titel: *Es gibt keine Materie*[09]. Das ist auch die Sichtweise, die meinem Quantenmodell zugrunde liegt.

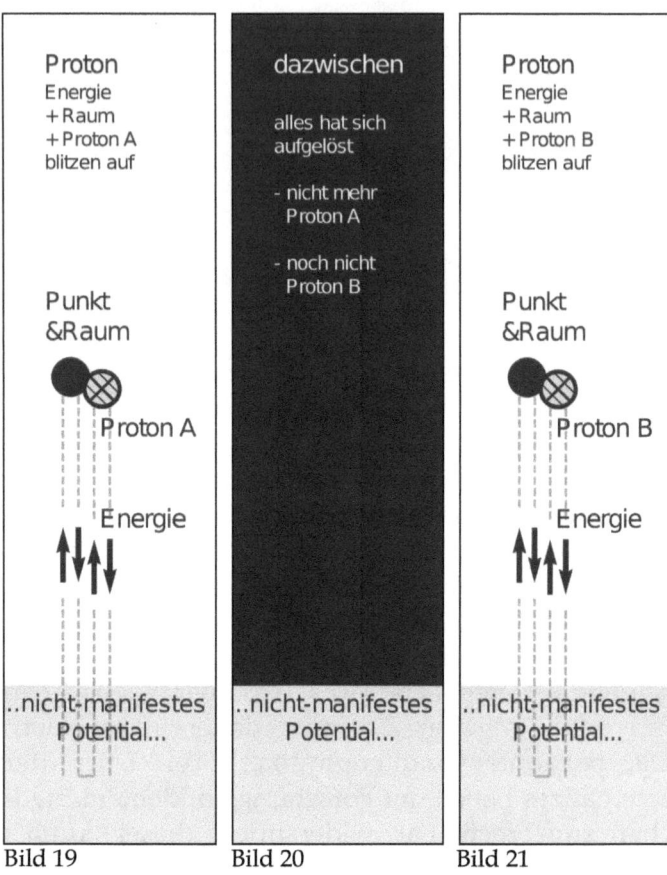

Proton	dazwischen	Proton
Energie		Energie
+ Raum	alles hat sich	+ Raum
+ Proton A	aufgelöst	+ Proton B
blitzen auf		blitzen auf
	- nicht mehr Proton A	
	- noch nicht Proton B	
Punkt &Raum		Punkt &Raum
Proton A		Proton B
Energie		Energie
..nicht-manifestes Potential...	..nicht-manifestes Potential...	..nicht-manifestes Potential...

Bild 19   Bild 20   Bild 21

Im Kapitel 17 habe ich ausführlich erläutert, wie ein Photon im Lichtprozess aufblitzt. Auf die gleiche Art und Weise blitzen auch Protonen, Neutronen und Elektronen aus dem nicht-manifesten Potential auf, und dabei entsteht jeweils ein neues Teilchen, oder besser gesagt: es entsteht etwas, was sich verhält wie ein Teilchen. Dabei blitzen Energie, Raum und Form Billionen-fach in der Sekunde auf. Jedes Elementarteilchen folgt beim Aufblitzens seinem eigenen Rhythmus, hat seine spezifische Eigenfrequenz beim Prozess des Entstehens. Und dabei blitzen für jedes sogenannte Elementarteilchen auch seine charakteristischen Merkmale auf, seine Masse, seine elektrische Ladung, etc. Diese Eigenschaften werden als pulsierende Sequenz manifest, und können deshalb auch beobachtet und gemessen werden.

Im Quantenmodell löst sich nach dem Aufblitzen ein sogenanntes Elementarteilchen sofort wieder auf. Dabei lösen sich Energie, Raum und Form, sowie auch alle aufgeblitzten Eigenschaften wie Masse, elektrische Ladung etc. wieder auf ins nicht-manifeste Potential. Aus dieser Phase von *dazwischen* blitzt dann im nächsten lebendigen Prozess alles wieder auf, wird neu erschaffen, und und zwar immer mit einer Erinnerung an den Prozess davor. Die Bilder 19-21 zeigen eine solche Sequenz von Proton A über ein *dazwischen* zum neuen Proton B. Durch diese Abfolge von immer gleichen Prozessen entsteht eine Kontinuität, die den Eindruck entstehen lässt, dass Teilchen wie Protonen, Neutronen und Elektronen dauerhaft existieren, ähnlich wie bei einem sehr schnell pulsierenden Licht, das dann als ununterbrochenes Leuchten wahrgenommen wird.

Das gleiche gilt auch für Atome, z.B. für ein Wasserstoffatom. Auch hier blitzen sowohl Energie, Raum, Form und alle Eigenschaften eines Wasserstoffatoms A aus dem nicht-manifesten Potential auf, um sich sofort wieder in dieser Quelle aufzulösen. Aus dieser Phase von *dazwischen* blitzt dann ein neues Wasserstoffatom B auf, das jedoch alle Eigenschaften des Wasserstoffatoms A aufweist. Da dieser grundlegende Prozess sich Billionenfach pro Sekunde wiederholt, sieht es so aus, als ob ein und dasselbe Wasserstoffatom dauerhaft existieren würde.

Die klassische Physik geht davon aus, dass Atome aus dauerhaften Elementarteilchen wie Protonen, Neutronen und Elektronen bestehen. Hier ergibt sich aber die Frage, wie dann aus den völlig verschiedenen Qualitäten der Elementarteilchen ein Wasserstoffatom werden kann, das komplett andere Eigenschaften aufweist als seine Bausteine. Im Quantenmodell stellt sich diese Frage nicht, da die spezifischen Eigenschaften jedes Atoms immer direkt aus dem nicht-manifesten Potential aufblitzen. Die abstrakte Vorstellung, dass Atome aus Protonen, Neutronen und Elektronen bestehen, ist damit im Quantenmodell nicht von Bedeutung.

In jedem Prozess von *manifestieren* muss es logischerweise auch eine Phase von *nicht-manifest-Sein* geben, denn sonst würde der Begriff *sich manifestieren* keinen Sinn machen. In dieser *nicht-manifesten Phase* des Prozesses gibt es nichts zu beobachten und nichts zu messen, und so wird dieser Bereich der Wirklichkeit von der klassischen Physik meistens ausgeklammert.

Nach dem Quantenmodell entstehen und vergehen Atome wie das Wasserstoffatom also in lebendigen Prozessen Billionen-fach ständig neu, was im Widerspruch steht zu der heute gängigen Vorstellung, dass jedes Atom auf unserem Planeten für eine gewisse Dauer unveränderlich existiert. Für alle diese Atome wird angenommen, dass sie in ferner Vergangenheit durch Prozesse in riesigen Sonnen irgendwo in den Weiten des Universums erschaffen wurden. Als diese Sonnen dann am Ende ihres Sonnenlebens explodierten, wurden alle diese Elemente als Sternenstaub in den Weltraum hinausgeschleudert. Der verklumpte dann irgendwie und bildete u.a. auch Planeten wie unsere Erde. In diesem Klumpen Materie waren dann alle die Bausteine wie Wasserstoff, Sauerstoff, Kohlenstoff, Eisen etc. vorhanden, aus denen nicht nur die Dinosaurier in der Vorzeit zusammengesetzt wurden, sondern auch wir Menschen heute.

So werden nach heute gängiger Vorstellung in unserm Körper z.B. in jeder Sekunde ca. zwei Millionen rote Blutkörperchen neu zusammengebaut. Dazu müssen alle benötigten Atome wie Eisen, Stickstoff, Sauerstoff, Kohlenstoff und Wasserstoff als Vorrat punktgenau vor Ort bereitgehalten werden. Alle diese Atome hätten dann vorher ihre lange Reise durch den Weltraum gemacht haben müssen, um dann in ausreichender Zahl genau am richtigen Ort und genau zur richtigen Zeit beim Zusammenbau von zwei Millionen roten Blutkörperchen pro Sekunde zur Verfügung zu stehen. Dazu bedarf es einer logistischen Meisterleistung.

Wenn man anstelle dieser Theorie das Quantenmodell als Grundlage nimmt, braucht es weder die Vorstellung von durch den Weltraum gereisten Atomen, noch eine entsprechende Vorratshaltung von Atomen vor dem Zusammenbau eines Moleküls. Jedes einzelne Atom oder Molekül entsteht nämlich nach dem Quantenmodell einfach neu, punktgenau zu der Zeit und an dem Ort, wo es gerade gebraucht wird. Die dafür notwendigen, schöpferischen Prozesse blitzen wie oben beschrieben aus dem nicht-manifesten Potential einfach auf und bilden so die vor Ort benötigten Atome und Moleküle. Dabei werden alle Baupläne dafür beim Aufblitzen auch immer gleich mitgeliefert, genauso wie die Festlegung, welche Eigenschaften sich beim Aufblitzen manifestieren sollen. Danach lösen sich die Atome und Moleküle und ihre Eigenschaften gleich wieder auf, um sofort wieder neu zu entstehen. Wenn die Moleküle dabei Billionen-fach pro Sekunde am gleichen Ort aufblitzen, sieht es so aus, als ob sie sich nicht bewegt hätten. Wenn sie jedoch an einem neuen Ort aufblitzen, sieht es so aus, als ob sie sich bewegt hätten.

Im Quantenmodell bewegt sich also nicht ein einzelnes Blutkörperchen, sondern es sind Sequenzen von immer neu entstehenden Blutkörperchen, die die Illusion einer fortlaufenden Bewegung erzeugen. So passiert Bewegung, ohne dass sich dabei ein einzelnes Blutkörperchen fortbewegt. Die Blutkörperchen sind im Quantenmodell auch keine Taxis, die die Sauerstoffatome sozusagen in der Lunge einladen und mit dem Herzen als Pumpe zu den einzelnen Zellen transportieren. Diese Art von Transport ist beim Quantenmodell auch nicht nötig, weil auch die Sauerstoffatome einfach ständig dort neu entstehen, wo sie gebraucht werden. Jedes Sauerstoffatom wird direkt vor Ort frisch und neu produziert.

Das herkömmliche Modell von einem Blutkreislauf als Pumpensystem mit Rohrleitungen und einem Sauerstofftransport per Hämoglobin-Taxi ist zwar recht anschaulich, kann aber aufgrund der physikalischen Gesetze der Strömungslehre überhaupt nicht funktionieren. All die feinsten Kapillargefäße zu jeder einzelnen Zelle bilden nämlich einen so großen Strömungswiderstand, dass das pumpende Herz keinen Tropfen Blut fördern könnte. Auch wenn man die Größenverhältnisse betrachtet, wird klar, dass 7 µm große Blutkörperchen oder 20 µm große Monozyten im Blut nicht durch feine Kapillargefäße mit einem Durchmesser von 1 µm gepumpt werden können.

24

Bewegen

Aus der Anatomie wissen wir, dass die Muskeln für Bewegungen verantwortlich sind. Sie befördern auch meinen Arm von einer Position zur nächsten, wenn ich ihn anhebe. Es sind die Muskeln und Sehnen, die die Knochen meines Arms bewegen. Dabei ziehen sich die Muskeln zusammen oder strecken sich. Hier stellt sich aber eine interessante Frage: Wenn die Muskeln und Sehnen die Knochen bewegen, wer oder was bewegt dann die Muskeln selbst, wenn der Arm sich hebt? Alle Muskelatome müssen sich ja mitbewegen, damit der Arm als Ganzes in seiner neuen Position ankommt.

Das Quantenmodell und die Ausführungen im vorherigen Kapitel könnten auch hier einen interessanten Denkanstoß liefern. Nach diesem Modell lösen sich alle Atome ständig auf ins nicht-manifeste Potential, um sofort wieder als neue Atome aufzutauchen. Wenn der Arm ruht, erscheinen alle

Atome immer wieder an der gleichen Stelle. Wenn sich der Arm bewegen soll, müssen alle Atome an einem neuen Ort erscheinen. Wenn dieses *neu-Erscheinen* aller Atome in die gleiche Richtung geht, entsteht eine fortlaufende Sequenz von ständig neuen Armpositionen, was wir als kontinuierliche Bewegung wahrnehmen. Der Arm bewegt sich also, ohne dass sich ein einzelnes Atom fortbewegt. Dabei ist höchste Präzision nötig. Alle Atome müssen immer an der richtigen Stelle aufblitzen, um jedes Mal wieder einen vollständigen Arm zu bilden.

Diese Sichtweise erinnert ein bisschen an den Transporter aus der Fernsehserie *Star Trek* und den Spruch: *Scotty beam mich rauf.* In dieser Serie wurde mit dem Kommando *Energie!* der Reisende durch den Transporter in seine Atome aufgelöst und diese dann am festgelegten Landepunkt wieder eins zu eins zu einem vollständigen Menschen zusammengesetzt. Damit konnte der Transporter Menschen und Gegenstände vom *Raumschiff Enterprise* mit einem Sprung z.B. auf einen Planeten oder auf ein anderes Raumschiff *beamen*. Wird mein Körper also bei jeder meiner Bewegungen *gebeamt*? - eine interessante Vorstellung.

Natürlich weiß ich, dass bei einer Bewegung meines Arms die Muskeln eine Rolle spielen und dass ohne eine Nervenverbindung zum Gehirn und die Aktivitäten im Gehirn mein ganzer Bewegungsapparat nicht richtig funktionieren kann. Da aber auch alle Atome der Muskeln, Nerven und des Gehirns aus der gleichen Quelle aufblitzen, scheint mir die Bewegung meines Arms ein wunderbares Zusammenspiel dieser Quelle mit den Muskeln, den Nerven und dem Gehirn zu sein. Dass es auch ohne Gehirn geht, beweisen die vielen einfachen Lebewesen, die Einzeller. Ohne Muskelgewebe, ohne Nervenverbindungen und ohne Gehirn bewegen sie sich munter und zielgerichtet fort.

Immer noch weit verbreitet ist die Idee, dass unser Gehirn elektrische Signale an die Muskeln senden muss, damit sich dann die Muskeln in Bewegung setzen. Mit dieser Idee als Grundlage hat z.B. der Psychologe Benjamin Libet in einer Versuchsreihe im Jahr 1979 herausgefunden, dass einen kurzen Augenblick bevor wir beschließen, eine Handbewegung zu machen, elektrische Impulse bereits den Bewegungsprozess in Gang gesetzt haben. Diese Studie hat zu einer breiten Diskussion geführt über die Frage, ob der Mensch denn so etwas wie einen freien Willen überhaupt hat, und das gipfelte dann in der Formulierung: *Wir tun nicht was wir wollen, sondern wir wollen, was wir tun.* Zu einer solchen Interpretation der Libet-Versuche kann man natürlich nur kommen, wenn man voraussetzt, dass Muskelbewegungen von elektrischen Impulsen aus dem Gehirn ausgelöst werden. Dieser kausale Zusammenhang ist aber nur eine Annahme. Was man bei weiteren Versuchen tatsächlich gefunden hat ist, dass da eine Korrelation besteht zwischen Impulsen und Muskelbewegung. Ein eindeutiger, kausalen Zusammenhang konnte aber nicht nachgewiesen werden.

Die Libet Studie zeigt, wie Beschreibung von Wirklichkeit zu falschen Schlussfolgerungen führt, wenn selbst gesetzte Annahmen als Fakten betrachtet werden. Dass Beschreibung von Wirklichkeit aber grundsätzlich immer eingeschränkt ist, wird deutlich durch das folgende Zitat von Prof. Heisenberg[10]: *Warum sollte sich die Wirklichkeit darum kümmern, wie wir sie mit unserem Verstand begreifen und berechnen können?*

Ganz praktisch betrachtet, kann man Bewegungsabläufe natürlich auch berechnen. Wenn ich z.B. einen Stein loslasse, beginnt er zu fallen und ich kann die Zunahme seiner Fallgeschwindigkeit und seine Fallzeit berechnen. Dabei ist die Mathematik als Hilfsmittel hilfreich, aber sie gibt keine Auskunft darüber, warum der Stein fällt. Die Mathematik gilt zwar als exakte Wissenschaft, kann aber nur etwas darüber aussagen, *wie* etwas mit etwas anderem zusammenhängt, aber nichts aussagen über das *Was*. Wenn ich z.B. sage, dass ein Tisch drei Meter lang ist, dann bedeutet das doch nur, dass der Tisch drei mal länger ist als ein Stock von einem Meter Länge. Die mathematische Angabe *3x* sagt aber nichts darüber aus, *was* ein Tisch ist, bzw. *was* ein Stock ist.

Die Frage, *was* Bewegung ist, wurde vom indischen Philosophen Nagarjuna in seiner bekannten Abhandlung *Mulamadhyamakakarika*[11] untersucht. Nagarjuna beschreibt Bewegung als *abhängiges Entstehen*, was im Buddhismus auch als *Leerheit* bezeichnet wird. Diese Sichtweise ist auch Grundlage meines Quantenmodells, mit dem ich z.B den Lichtprozess in Kapitel 17 beschrieben habe. Weitere Erklärungen zum Begriff *Leerheit* finden Sie auch im folgenden Kapitel.

25

Logik des Lebendigen

Lebendige Prozesse folgen einem Grundmuster, das ich in den letzten Kapiteln beschrieben und mit Hilfe des Quantenmodells graphisch dargestellt habe. In diesen Prozessen manifestieren sich aus einer Quelle, dem nicht-manifesten Potential, ständig Wissen, Energie, Raum und Form, wobei alle nur aufblitzen, um sich sofort wieder in der Quelle aufzulösen. Der indische Philosoph Nagarjuna hat dieses Muster des Lebendigen in seinen Schriften[11] behandelt, und für die Dynamik dieser Prozesse den Begriff *abhängiges Entstehen* verwendet.

Die Merkmale dieses abhängigen Entstehens kann man auch heranziehen, um eine *Logik des Lebendigen* zu formulieren. Diese Logik unterscheidet sich von der des griechischen Philosophen Aristoteles. Die Logik des Aristoteles ist die in der westlichen Kultur vorherrschende Logik. Wenn wir sagen: *Ist doch logisch, oder?*, beziehen wir uns auf diese Logik des Aristoteles, deren charakteristisches Merkmal das *entweder-oder* ist. Wenn man einen Apfel als Beispiel nimmt, dann ist der Apfel entweder da oder nicht da. Eine dritte Möglichkeit wird in der Logik des Aristoteles ausdrücklich ausgeschlossen.

In Bild 22 und 23 werden die Logik von Aristoteles und die von Nagarjuna gegenübergestellt. Unter Punkt 1 und Punkt 2 gibt es noch keinen Unterschied. Unter Punkt 3 steht bei Nagarjuna jedoch kein *entweder-oder* wie bei Aristoteles, sondern ein *sowohl-als auch*. Der Apfel ist sowohl da als auch nicht da. Das klingt zunächst paradox, und deswegen wird diese Logik auch manchmal als paradoxe Logik bezeichnet. Wenn man jedoch nicht nur den Apfel betrachtet, sondern auch den Raum einbezieht, der den Apfel umgibt, dann macht das scheinbar Paradoxe wieder Sinn. Überall im Raum um den Apfel herum gibt es keinen Apfel, und deshalb steht dieser Raum für *kein Apfel*. Und da dieser Raum auch immer da ist, wenn der Apfel da ist, ist also der Apfel und kein Apfel (Raum ohne Apfel) immer zusammen da. Raum und Form gehören immer zusammen. Der Apfel ist also sowohl da als auch nicht da.

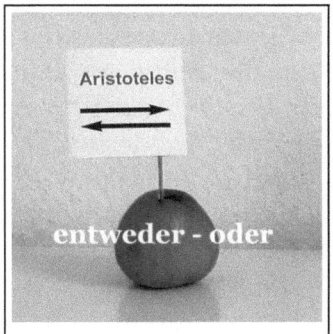

Aristoteles
1. Der Apfel ist da
2. Der Apfel ist nicht da
3. Der Apfel ist
   entweder da
   oder nicht da

Nagarjuna
1. Der Apfel ist da
2. Der Apfel ist nicht da
3. Der Apfel ist
   sowohl da
   als auch nicht da
4. Der Apfel ist
   weder da
   noch nicht da

Bild 22   Bild 23

In der Logik des Nagarjuna gibt es dann auch noch einen vierten Aspekt, das *weder-noch.* Dieses *weder-noch* hatte ich in den vorangegangenen Kapiteln bereits als *dazwischen* beschrieben. Solche Phasen sind essentiell. Man kann sie auch beim Apfel entdecken, wenn man den Apfel nicht als separates Ding betrachtet, sondern als Beteiligten an einem zyklischen, lebendigen Gesamtprozess.

Bild 24 zeigt vier Phasen dieses Prozesses. Der Apfel kommt aus der Blüte, die Blüte aus dem Baum, der Baum aus dem Sprössling, der Sprössling aus dem Apfelkern, und der wiederum aus dem Apfel. So schießt sich der Kreislauf. Wenn ich jetzt in diesem Kreislauf z.B. den Übergang von Blüte zum Apfel genauer anschaue, dann kann der Apfel erst entstehen, wenn die Blüte verblüht ist. Es muss also in diesem Übergang eine Phase geben, in der die Blüte nicht mehr da ist und der Apfel noch nicht da ist. Diese Phase ist also gekennzeichnet durch ein *weder-noch*, weder Blüte noch Apfel. Wie schon in den Kapiteln davor dargestellt, ist diese Phase von *dazwischen* unabdingbar für jeden lebendigen Prozess. In Bild 24 ist dieser Übergang dargestellt durch eine schwarze, gestrichelte Linie mit schwarzer Beschriftung: *weder Blüte noch Apfel*. Diese Art von *dazwischen* gibt es aber auch bei allen anderen Übergängen, vom Apfel zum Sprössling, vom Sprössling zum Baum und vom Baum zur Blüte. Diese Übergänge sind in der Graphik durch horizontale, gestrichelte Linien dargestellt.

Alle dargestellten Prozesse sind über die gemeinsame Quelle miteinander verbunden. Das Ganze ist wie ein komplexer Organismus, der die einzelnen Erscheinungen wie Apfel, Sprössling, Baum und Blüte ständig verbindet, und alle Prozesse in der richtigen Reihenfolge zur Entfaltung kommen lässt. So wächst z.B. der Apfel erst, wenn die Blüte nicht mehr ist.

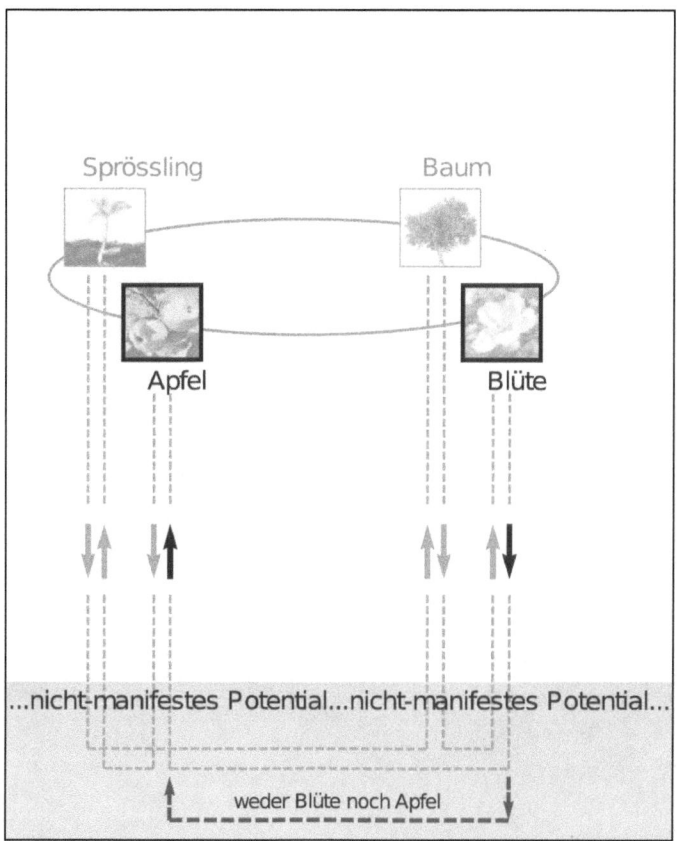

Bild 24

Der Apfel wächst aber nur, wenn auch weitere Bedingungen wie z.B. Sonnenschein und Wasser vorhanden sind.

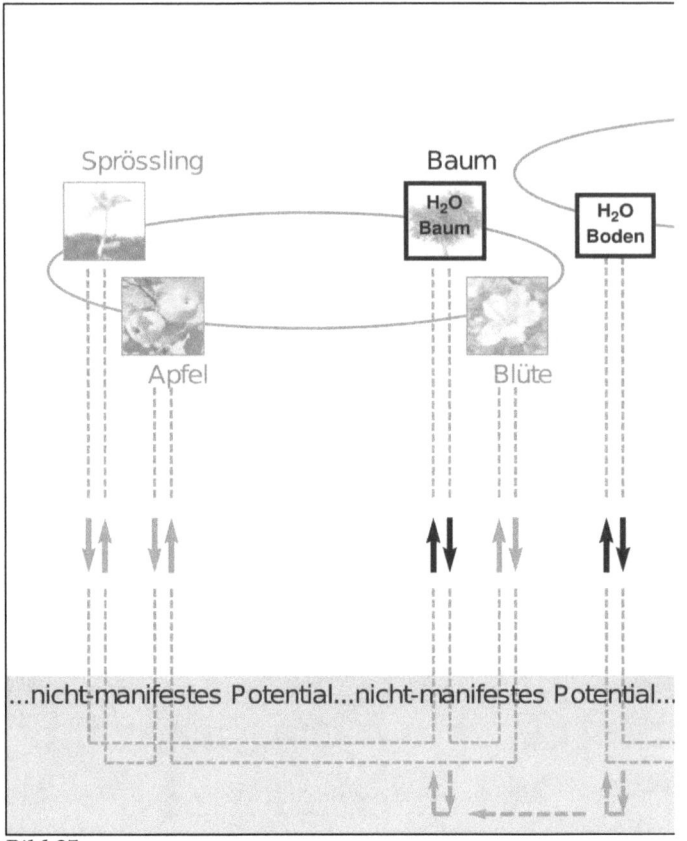

Bild 25

Ich habe hier den Wasserkreislauf als Beispiel gewählt, der im Bild 26 dargestellt ist. Bild 25 und Bild 26 bilden dabei eine gemeinsame Graphik. Beim Wasserkreislauf sind die einzelnen Prozesse über das nicht-manifeste Potential miteinander verbunden und wirken ganz natürlich zusammen.

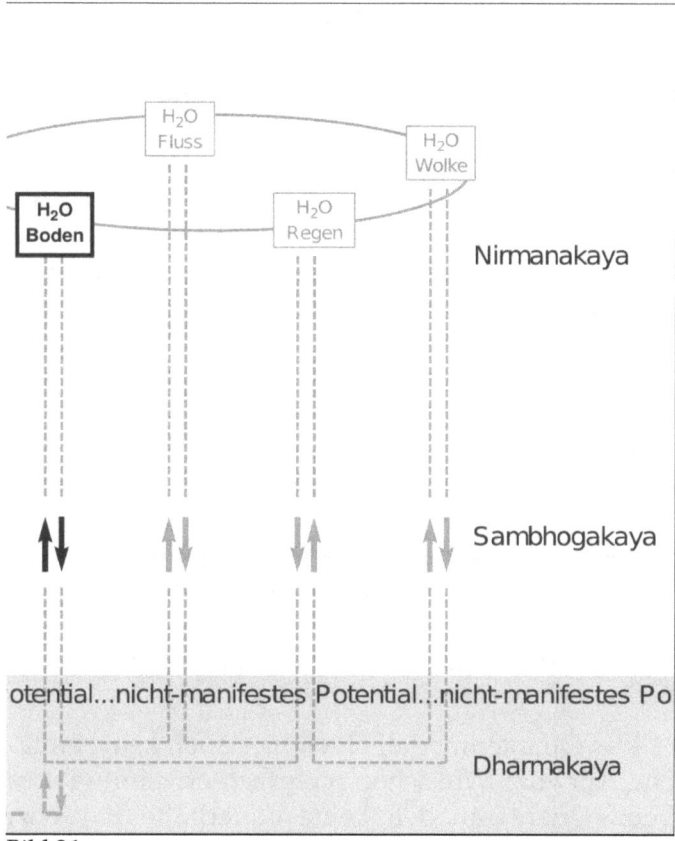

Bild 26

So muss Wasser aus den Flüssen und dem Meer verdampfen und zu Wolken werden, damit es regnen und der Apfelbaum mit dem nötigen Wasser versorgt werden kann. Das überschüssige Wasser sammelt sich im Boden, Flüsse führen es wieder dem Meer zu, wo es wieder verdampft. So schießt sich der Wasserkreislauf.

Die herkömmliche Modellvorstellung geht davon aus, dass es einzelne, dauerhaft bestehende Wassermoleküle sind, die diesen Kreislauf durchwandern. Ein solches H_2O-Molekül würde demnach im Fluss zum Meer treiben, dort zu Wasserdampf werden, sich zu Wolken vereinigen, kondensieren und als Regen auf den Boden fallen. Im Boden würde es bis an die Wurzeln des Apfelbaums sickern und dann in vorhandenen Kanälen und Kapillaren bis in die Zellen der Blattspitzen in der Baumkrone steigen. Das ist alles anschaulich und einleuchtend, aber wenn man tiefer in die Einzelprozesse schaut, ergeben sich große Fragezeichen. So hat man z.B. für das Aufsteigen eines Wassermoleküls in großen Bäumen noch keine befriedigende, physikalische Erklärung gefunden. Die Kapillarwirkung in den Kanälen scheint da eine Rolle zu spielen, aber zum Aufsteigen muss irgendwie Energie zugeführt werden, die jedoch nicht nachweisbar ist.

Das Quantenmodell bietet hier auch keine einfache Antwort. Wie schon mehrfach erwähnt gibt es beim Quantenmodell keine dauerhafte Existenz, und weil ein Wassermolekül nicht dauerhaft existiert, sondern nur aufblitzt, kann es sich auch nicht fortbewegen. Im Quantenmodell muss der Wassertransport also passieren, ohne dass sich ein einzelnes Wassermolekül bewegt. Wie schon am Beispiel des Blutkörperchens dargestellt, sind es Sequenzen von immer neuen Manifestationen, hier Sequenzen von fortwährend neu entstehenden Wassermolekülen, was dann wie ein Strömen oder Aufsteigen des Wassers aussieht. Ein Wassermolekül in einer Blattspitze ist also nicht dorthin gewandert, sondern dort neu entstanden, und das gilt gleichermaßen für alle Wassermoleküle im gesamten Kreislauf.

Das Fließen und Aufsteigen von Wasser ist also gewissermaßen eine Kombination von digitalem Untergrund und analogem Erscheinungsbild. Der digitale Untergrund ist gekennzeichnet durch das kontinuierliche Aufblitzen der Wassermoleküle aus dem nicht-manifesten Potential, was Billionenfach in der Sekunde passiert, und zwar jeweils mit einer Lücke von *dazwischen*. So schnell können da unsere Sinne nicht folgen, und das ist auch gut so. So präsentiert unsere Sinneswahrnehmung uns eine geglättete Version von den digitalen Prozessen. Wir sehen die analoge Version, eine ununterbrochene Bewegung. Diese Art von Ausmitteln passiert z.B. auch, wenn wir einen Film anschauen, was ich auf Seite 98 beschrieben habe. Mit dem Quantenmodell wird *abhängiges Entstehen* graphisch dargestellt als lebendiger Kommunikationsprozess mit dem nicht-manifesten Potential.

In der Buddhistischen Tradition wird diese Kommunikation auch beschrieben mit den drei Kayas, *dem* Dharmakaya, dem Sambhogakaya und *dem* Nirmanakaya. *Die* drei Kayas beziehen sich auf drei grundlegende Phasen bei allen Prozessen im Universum. Sie bilden eine untrennbare Einheit, die im Buddhismus Trikaya genannt wird.

Dabei ist in der Phase des Dharmakaya nichts manifest, in der Phase des Nirmanakaya blitzen alle Manifestationen von Raum und Form auf und beide Phasen sind verbunden durch den Sambhogakaya, der Phase, in der lebendige, intelligente Energie aufblitzt. Bild 26 zeigt rechts die Zuordnung der drei Kayas zu den entsprechenden Phasen im Quantenmodell.

In der christlichen Tradition gibt es ebenfalls die Dreiteilung als Metapher für alle schöpferischen Prozesse im Universum: Gottvater als nicht-manifeste Quelle, den fleischgewordenen Sohn als Manifestation aller Formen und den Heiligen Geist als Ausdruck für die lebendige Verbindung von Vater und Sohn. Diese drei sind als Phasen bei jedem schöpferischen Prozess immer untrennbar verbunden, sind eine Einheit, bilden die sogenannte Dreifaltigkeit. Für die Manifestation des Sohnes gibt es in der christlichen Tradition die Metapher vom Wunder der jungfräulichen Geburt und für die Rückkehr zum Vater, zur nicht-manifesten Quelle, die Metapher der Himmelfahrt. Damit wird die Welt beschrieben als Manifestation aus dem *nicht-Manifesten*, als magischer Schöpfungsprozess.

Bild 24 zeigt beispielhaft magische Schöpfungs-prozesse als abhängiges Entstehen in einem Gesamtprozess Blüte-Apfel-Sprössling-Baum. Alle vier Phasen des Prozesses sind wie in einem einzigen Kreis vereint und bilden nach der Buddhistischen Tradition ein Mandala. Ein Kreis hat keinen Anfang, und so kann man auch hier bei den vier Phasen des *Apfel-Mandala* keinen Anfang ausmachen. In jeder einzelnen Phase scheint es jedoch jeweils Anfänge zu geben. So entsteht z.B. der Apfel und fängt an zu wachsen. Der Gesamt-prozess ist also anfangslos, hat dabei aber viele einzelne Anfänge. Man spricht deshalb auch vom *anfangslosen Anfangen*. Wer diese Logik versteht, weiß auch, dass Henne und Ei zwei Phasen eines zyklischen Gesamtprozesses sind, so wie das Einatmen und das Ausatmen.

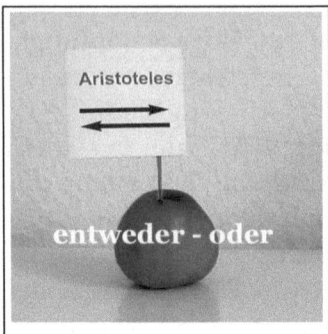

Die Logik des Aristoteles
ist geradlinig und
eindimensional.
Sie zerschneidet mit dem
Messer des *entweder-oder*
die Welt und versucht
aus dem zerstückelten
Leichnam einen
abstrakten Begriffskosmos
aufzubauen[12].
(Lama Govinda)

Bild 27

Die Logik des Nagarjuna
geht von zyklischen
Prozessen aus, die
abhängiges Entstehen
genannt werden.
In diesen Prozessen
manifestieren sich aus
einer nicht-manifesten
Quelle die einzigartigen
Erscheinungen unserer
lebendigen Welt.

Bild 28

In Bild 27 und Bild 28 sind die grundlegenden Unterschiede der Logik des Aristoteles und des Nagarjuna in kurzen Statements zusammengefasst. Die Logik des Aristoteles ist eine Logik, die hilfreich ist im pragmatischen Umgang mit Dingen. Sie zerschneidet aber mit der Ausschließlichkeit des *entweder-oder* lebendige Zusammenhänge und führt so zu einem falschen Verständnis unserer Welt. Die Logik des Aristoteles betont das *getrennt-Sein* von Dingen, und so verlieren wir das Verbindende und Lebendige aus den Augen.

Im Gegensatz zur Logik des *entweder-oder* ist die Logik des Nagarjuna eine Logik, bei der die zyklischen Prozesse des Lebens, die Lebendigkeit der Dinge, im Fokus bleiben. Existenz und Nicht-existenz, Sein und Nichtsein, werden hierbei nicht als etwas Gegensätzliches betrachtet, sondern als etwas Zusammengehöriges. Der tibetische Medita-tionsmeister Chögyam Trungpa bringt diese Logik des Lebendigen auf den Punkt: *Dinge existieren, weil sie nicht existieren.*

Bei Nagarjuna wird Wirklichkeit beschrieben als lebendiger Prozess, den er abhängiges Entstehen oder Leerheit nennt[11]: *Abhängiges Entstehen, dies ist es, was wir Leerheit nennen.*

Im Quantenmodell wird abhängiges Entstehen und damit auch Leerheit graphisch anschaulich dargestellt. So kann man wichtige Aspekte von Leerheit auf einen Blick und im Zusammenhang erfassen. In Bild 25/26 wird deutlich, dass Wirklichkeit ein organischer Gesamtprozess ist, in dem alles mit allem über das nicht-manifeste Potential nicht nur verbunden ist, sondern auch immer aus dieser gemeinsamen Quelle aufblitzt.

Alle Prozesse bilden einen Gesamtprozess, ein unteilbares Ganzes mit einer Abfolge von lebendigen Phasen, die miteinander verbunden und voneinander abhängig sind. Das bedeutet, dass keine dieser Phasen für sich allein existiert, keine Phase also eigenständig ist. Damit ist Wirklichkeit also *leer* von eigenständiger, dauerhafter Existenz. Und das ist es, was mit Leerheit gemeint ist.

Oft wird Leerheit missverstanden, als ob es da nichts gäbe. Das Gegenteil ist der Fall. Nur weil Wirklichkeit auf Leerheit basiert, gibt es uns, den Apfelbaum und den Apfel. Und so können wir den Apfel auch pflücken, hinein beißen und genießen. Das ist Magie im Alltag.

26

Alte und neue Physik

Quantenphysik wird auch häufig als neue Physik bezeichnet. Mit diesem Begriff wird deutlich, dass es sich nicht um eine Erweiterung der alten Newtonschen Physik handelt, sondern um eine völlig neue Art und Weise, die Wirklichkeit zu beschreiben, insbesondere im Bereich der sogenannten Elementarteilchen. Die Anfänge dieser neuen Physik gehen zurück bis in die zwanziger Jahre des letzten Jahrhunderts, als Prof. Heisenberg bei seinen Untersuchungen auf etwas stieß, das er selber nicht verstehen konnte[04]. Wenn bei einem Experiment zuerst eine Operation p passierte und dann eine Operation q, gab es ein anderes Ergebnis, als wenn zuerst die Operation q ablief und dann die Operation p. Mathematisch ausgedrückt würde das bedeuten, dass bei der Multiplikation von p mal q etwas anders herauskommt, als wenn man q mit p multipliziert.

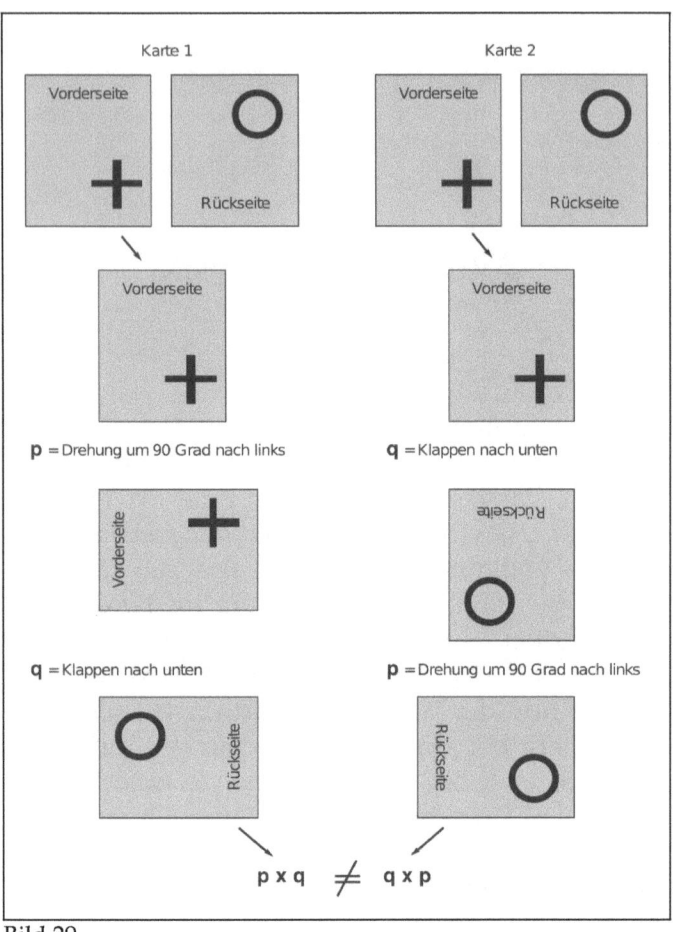

Bild 29

Das widerspricht der mathematischen Regel, dass beim Multiplizieren die Faktoren vertauscht werden können, ohne dass sich das Ergebnis ändert. Dass diese Regel tatsächlich nicht immer stimmt, zeigt das einfache Spiel in Bild 29.

Hier geht es aber nicht um Zahlen sondern um zwei Operationen.

Operation p: drehe die Karte um 90^0 nach links
Operation q: klappe die Karte nach vorne um

Zwei gleiche Karten haben zu Beginn die gleiche Ausgangsposition und zeigen in Reihe 2 ihre gleiche Vorderseite mit Kreuz rechts unten. Die linke Karte wird zuerst nach links gedreht (Operation p) und dann nach vorne umgeklappt (Operation q). Die rechte Karte wird zuerst nach vorne umgeklappt (Operation q) und dann nach links gedreht (Operation p). Das Ergebnis ist verblüffend. Die Positionen der beiden Rückseiten mit Kreis sind unterschiedlich. Das bedeutet, dass *pxq* nicht das gleiche ist wie *qxp*, oder anders ausgedrückt: wenn ich zwei Operationen nacheinander mache, dann gibt es je nach Reihenfolge verschiedene Resultate. Die Abweichungen, die Prof. Heisenberg bei seinen Experimenten mit Elementarteilchen gefunden hatte, waren also keine Messungenauigkeiten, sondern waren prinzipieller Natur. So wurde klar, dass Elementarteilchen ihrem Wesen nach keine dauerhaften Dinge sein konnten, sondern als Prozesse interpretiert werden mussten, denn nur bei Prozessen bringt das Vertauschen der Faktoren verschiedene Resultate.

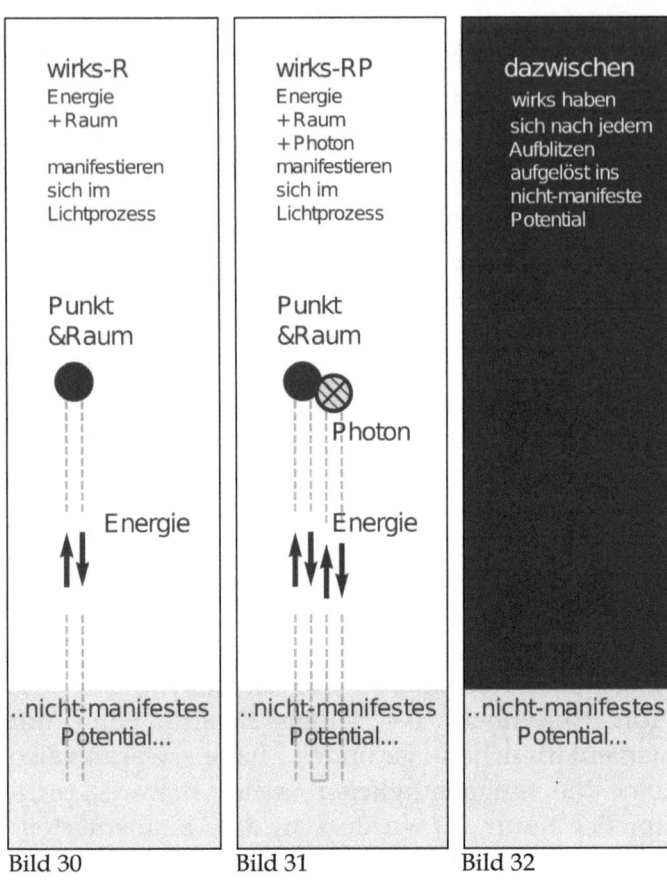

wirks-R	wirks-RP	dazwischen
Energie	Energie	wirks haben
+Raum	+Raum	sich nach jedem
	+Photon	Aufblitzen
manifestieren	manifestieren	aufgelöst ins
sich im	sich im	nicht-manifeste
Lichtprozess	Lichtprozess	Potential
Punkt	Punkt	
&Raum	&Raum	
	Photon	
Energie	Energie	
..nicht-manifestes	..nicht-manifestes	..nicht-manifestes
Potential...	Potential...	Potential...

Bild 30   Bild 31   Bild 32

Diese Erkenntnis hatte Heisenberg zusammen mit
dem Physiker Nils Bohr im Jahr 1927 veröffent-
licht[13.]. Diese bahnbrechende Sichtweise auf die
Welt der sogenannten Elementarteilchen ist auch
Grundlage meines Quantenmodells. Dabei wird
das Billionen-fache Aufblitzen und Verschwinden
der sogenannten Elementarteilchen angetrieben

von Prozessen, für die Prof. Dürr einen neuen Begriff eingeführt hat. Er nennt sie *wirks*[14]. Mit diesem Begriff verweist Dürr auf den Wesensgehalt von Wirklichkeit: da wirkt etwas, da wirken lebendige Prozesse. Wirklichkeit wird oft mit dem Begriff Realität gleichgesetzt. Dürr hingegen weist auf den Unterschied hin, der sich auch schon in den Wortstämmen zeigt. Das Wort Realität enthält das lateinische Wort *res* und das bedeutet *Ding*. Der Begriff Realität bezieht sich also auf dauerhaft existierende Dinge, während der Begriff Wirklichkeit das lebendige und kreative Wirken anspricht, das alle sogenannten Dinge entstehen lässt.

In den Bildern 30 und 31 sind *wirks* dargestellt, die zusammen den Lichtprozess bilden, den ich in Kapitel 17 beschrieben habe. Dabei ist *wirks-R* aktiv in der Phase des Lichtprozesses, in der der Raum für das Photon aufblitzt, und *wirks-P* in der Phase, in der die Partikel-Eigenschaften des Lichts aufblitzen. Im *dazwischen* haben sich beide *wirks* ins nicht-manifeste Potential aufgelöst (Bild 32). Aus dieser Quelle der Weisheit blitzen dann *wirks-R* und *wirks-P* erneut wieder auf. Dabei blitzen auch jeweils die damit verbundenen Energien Billionenfach in der Sekunde auf. So entstehen zwei Arten von pulsierender Energie, einmal mit magnetischen Eigenschaften und zum zweiten mit elektrischen Eigenschaften. Dieses digitale Pulsieren von zwei verschiedenen Energien wird von der Physik als elektromagnetische Welle interpretiert, und mit dem analogen Bild einer harmonischen Schwingung beschrieben und dargestellt.

Im Quantenmodell sind *wirks* die Grundlage der Wirklichkeit und nicht Elementarteilchen mit einer gewissen Lebensdauer. Das ist auch im Einklang mit einer der Kernaussagen der Quantenphysik, der Unschärferelation, wonach durch keinerlei Experiment Ort und Impuls eines Elementarteilchens gleichzeitig beliebig genau festgestellt werden können. Prof. Dürr kommentiert das wie folgt[15]: *Der eigentliche Witz der Quantenmechanik ist ja gerade, dass nicht das Unvermögen, gleichzeitig Ort und Impuls messen zu können, entscheidend ist, sondern dass im Hintergrund eine allgemeinere Dynamik steht, die diese Frage nach gemeinsamer genauer Bestimmung von Ort und Impuls als unsinnig erklärt.*

Dürr weist hier also auf eine Dynamik hin, die auch in allen Graphiken meines Quantenmodells deutlich wird. Die Bilder 30 - 32 zeigen beispielhaft drei Phasen dieser Dynamik, die grundlegend bei allen sogenannten Elementarteilchen wirksam ist. Die Aufgabenstellung, Ort und Impuls gleichzeitig beliebig genau zu messen, orientiert sich an der Vorstellung von Elementarteilchen als eine Art kleine Billardkugeln. Für Billardkugeln macht die Aufgabenstellung Sinn, für komplexe und dynamische Prozesse wie die *wirks* ist diese Aufgabenstellung unsinnig. Heisenberg und Bohr haben deshalb die Teilchenvorstellung auch grundlegend korrigiert und interpretieren sogenannte Elementarteilchen in ihrer *Kopenhagener Deutung*[13] als Prozesse.

Im Quantenmodell gibt es nur dynamische Prozesse. Bewegung passiert hier dadurch, dass diese Prozesse, die *wirks*, als Sequenz mit Abstand zueinander aufblitzen. Dabei blitzen auch die Eigenschaften wie Masse, elektrische Ladung etc. als Sequenz jedes Mal mit Abstand zueinander wieder neu auf. Dann folgt nach jedem Aufblitzen eine Phase von *dazwischen*, also eine Lücke. Damit sind Masse, elektrische Ladung etc. digitale Geschehen, und Bewegung eine Sequenz von Sprüngen, wie beim Frosch: *hopp - hopp – hopp*. Dabei verschwindet der Frosch beim Quantenmodell zwischen den Sprüngen, und ein neuer Frosch landet, neu aber entstanden mit einer Erinnerung an den Frosch, der davor abgesprungen ist. In der fortlaufenden Sequenz der Bilder 31 - 33 hüpft anstelle eines grünen Frosches ein graues Photon, und natürlich auch hier wieder mit Zwischenstopps im nicht-Manifesten.

Auch wenn dieser neue Denkansatz zu einem völlig neuen Verständnis der Wirklichkeit führt, bedeutet das nicht, dass die alte Physik, repräsentiert z.B. durch die Ideen von Isaak Newton oder Albert Einstein, insgesamt ungültig wird. Dürr benutzt da ein anschauliches Bild, um die Zusammenhänge von alter und neuer Physik zu beschreiben[04]. Es wäre so, wie wenn wir von einem Einwohner von München als *dem* Münchener sprechen würden. Den gibt es ja natürlich nicht wirklich, sondern nur als statistische Größe oder als Karikatur. Eigentlich ist jeder Bürger Münchens ein Individuum, d.h. es gibt viele verschiedene Münchener. Die Vorstellung in der alten Physik arbeitet mit dem Durchschnitt, dem statistischen Münchener. Die neue Physik schaut auf die Einzigartigkeit des einzelnen Müncheners, seine lebendigen und kreativen Qualitäten.

In der alten Physik sind dauerhafte Elementarteilchen mit dauerhaften Eigenschaften die Grundlage unserer Welt. Wenn zwei Teilchen z.B. elektrische Ladungen haben, ziehen sie sich an oder stoßen sich ab. In der neuen Physik ist das lebendige und kreative Wirken von *wirks* die Grundlage. Durch ihr Wirken entstehen dann erst die Teilchen und deren Eigenschaften, oder genauer gesagt: es entsteht etwas, was sich wie ein Teilchen mit speziellen Eigenschaften verhält. Wenn dann mit diesen Schöpfungsprozessen, den *wirks*, z.B. elektrische Ladungen Billionen-fach in der Sekunde aufblitzen, entsteht eine pulsierende Wirkung, die dann als abstoßende oder anziehende Kraft interpretiert und gemessen werden kann.

Die Sichtweise, dass *wirks* als schöpferische Prozesse aus einer gemeinsamen Quelle, dem nicht-manifesten Potential, kontinuierlich aufblitzen, eröffnet die Möglichkeit eines Brückenschlags zwischen den Naturwissenschaften und den Religionen, weil die neue Physik auch einen Bereich einschließt, in dem nichts manifest ist, in dem nichts greifbar ist. Dürr nennt diesen Bereich der Wirklichkeit *Potentialität*, was dem nicht-manifesten Potential in meinem Quantenmodell entspricht. Ein solcher Bereich der Wirklichkeit, der nicht greifbar, nicht begreifbar ist, ist auch in allen Religionen von zentraler Bedeutung.

Dass ein solcher Brückenschlag zwischen Naturwissenschaften und Religionen ein schwieriges Unterfangen ist, zeigen die folgenden Bemerkungen von Prof. Dürr aus einem seiner Vorträge[04]: *Wissenschaft und Religion rücken wieder näher zusammen. Aber nicht auf die Art und Weise, dass die Religion nun ähnlicher der Wissenschaft wird, sondern umgekehrt, dass die Wissenschaft ähnlicher der Religion wird, oder eigentlich: beide müssen Federn lassen auf diese Art und Weise bei der Zusammenführung. Bei der Jahrhundertwende haben wir sehr viel gesprochen über die Beziehung von Wissenschaft und Religion, hauptsächlich im Zusammenhang auch mit Galileo, der damals von der Inquisition zurechtgewiesen wurde und abschwören musste, dass die Erde sich um die Sonne dreht. Damals hat man das von ihm verlangt, damit er nicht auf dem Scheiterhaufen verbrannt wird. Und er hatte gut daran getan, hätte ich auch gemacht. Es lohnt sich nicht darüber zu streiten. Was man erkannt hat, wird sich sowieso durchsetzen. Das braucht man nicht einfach noch zu betonen. Wir haben also heute doch eingesehen, dass die katholische Kirche sich etwas angemaßt hat, und dass das eigentlich ein bisschen abwegig war. Und dass sie auch ihre eigene Religion in dem Sinne nicht richtig verstanden hat, dass Religion, in dem was sie aussagt, immer nur in Form von Gleich-*

nissen reden muss. Aber ich kann im Nachhinein auch sagen: wir haben heute eine andere Situation, und doch in gewisser Weise eine ähnliche Situation, nur vielleicht mit dem Unterschied, dass die Wissenschaft heute die Inquisition ist, dass sie sagen: endlich sind auf dieser Welt Menschen, die wirklich etwas über das Wahre und Falsche sagen können. Das ist selbstverständlich die selbe Anmaßung wie damals auch von der Katholischen Kirche. Gott sei dank verbrennen die Wissenschaftler nicht diejenigen, die der Wissenschaft nicht glauben, aber sie kriegen zumindest keinen Job, und das bedeutet in manchen Fällen auch ziemlich dasselbe. Wir wissen heute, dass auch die Wissenschaft selber nur eine Art Gleichnis ist für die Wirklichkeit und nicht mit der eigentlichen Wirklichkeit verwechselt werden sollte.

In diesem Sinne möchte ich auch mein Quanten-modell und die Ausführungen dazu verstanden wissen, als ein Modell oder Gleichnis, das in der Diskussion um ein besseres Verständnis der Wirklichkeit hilfreich sein kann.

27

Bewusstsein zuerst

Der indische Philosoph Nagarjuna beschreibt Wirklichkeit als *abhängiges Entstehen*[11], als eine magische Art von Auftauchen und Vergehen, bei dem es keine dauerhaft existierenden, unabhängigen Dinge gibt. Die Graphiken des Quantenmodells zeigen in Bild 33 und Bild 34 zwei Beispiele für diese Art von Entstehen für einen Apfel am Baum und für einen Stein am Strand. Alle beide entstehen in zyklischen Prozessen, den *wirks*, die Billionen-fach in der Sekunde mit grundlegend gleichem, lebendigem Muster aufblitzen. Um den Apfel und den Stein zu erleben, müssen die *wirks* jeweils mit einem Wahrnehmungsprozess und dem Prozess von *gewahr sein* (Bild 35) synchronisiert sein.

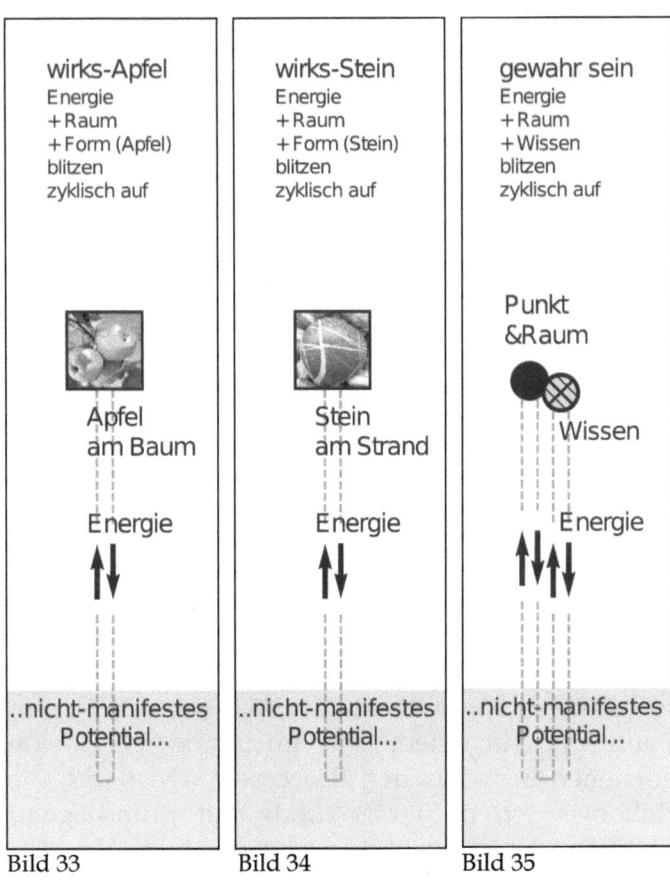

wirks-Apfel	wirks-Stein	gewahr sein
Energie	Energie	Energie
+ Raum	+ Raum	+ Raum
+ Form (Apfel)	+ Form (Stein)	+ Wissen
blitzen	blitzen	blitzen
zyklisch auf	zyklisch auf	zyklisch auf

Punkt
&Raum

Apfel
am Baum

Stein
am Strand

Wissen

Energie

Energie

Energie

..nicht-manifestes
Potential...

..nicht-manifestes
Potential...

..nicht-manifestes
Potential...

Bild 33   Bild 34   Bild 35

Die Lebendigkeit von *wirks* ist die Grundlage sowohl beim Apfel als beim Stein, sie zeigt sich aber unterschiedlich. Der Apfel wächst und reift am Baum, und so ist seine Lebendigkeit offensichtlich. Beim Stein ist die Lebendigkeit schwerer zu erkennen, weil sich seine Form nur unmerklich ändert.

Man könnte also auch sagen: *Ein Stein ist Lebendigkeit, die auf der Stelle tritt.* Dem Stein fällt irgendwie nichts anderes ein, als sich einfach immer wieder in der gleichen Form zu manifestieren.

Im Quantenmodell wird ein Stein also nicht als totes Ding betrachtet, sondern als Abfolge von lebendigen, schöpferischen Prozessen, den *wirks-S*. Wenn ich nun einen Hammer nehme, und den Stein in zwei Stücke schlage, hat die Lebendigkeit einen Riss bekommen. Ich kann die zwei Teile zwar wieder so zusammenbringen, wie sie vorher lagen, aber dadurch lässt sich der Anfangszustand nicht mehr herstellen. Die Stücke bleiben nicht mehr aneinander haften. Die lebendigen Prozesse, die beim Stein kontinuierlich dafür sorgen, dass er zusammengehalten wird, sind nun zwischen den beiden Stücken nicht mehr wirksam. Ich kann diese *wirks* mit ihren Kräften offenbar auch nicht mehr erwecken, indem ich die Bruchflächen wieder zusammenhalte. Ich habe also beim Zerbrechen etwas Wesentliches zerstört. Prof. Dürr hat diesen Gedankengang zum Zerbrechen eines Steins in einem seiner Bücher beschrieben und findet[16] *...das schon etwas überraschend, dass ein Stein so ein ganz bisschen die Eigenschaften vom Lebendigen hat.*

In einem Interview formuliert Dürr es noch deutlicher, wenn er sagt[17], dass es grundsätzlich nichts *Unschöpferisches* im Universum gibt. Diese Aussage bezieht sich zunächst einmal auf die Lebendigkeit in der subatomaren Welt. Da aber diese kreative Lebendigkeit die Grundlage ist für alle Atome, haben auch Atome, Moleküle und all die Formen, die daraus entstehen, diese Art von Lebendigkeit.

Wenn Steine sprechen, wenn sie mich *ansprechen,* kann ich reagieren. Wenn mir z.B. bei einem Standspaziergang ein besonderer Stein unverhofft *ins Auge springt,* ist die Kommunikation eröffnet. Ich gehe darauf ein, hebe ihn auf, schaue und spüre. Der Stein teilt mir jetzt einfach seine einzigartigen Eigenschaften mit. Die Schönheit seiner Maserung *spricht mich an*, ich *spüre* seine kühle, glatte Oberfläche, seine Festigkeit, sein Gewicht. Und wenn mein *wahrnehmen* und mein *gewahr sein* ganz dabei sind, kann meine Begegnung mit dem Stein zu einem wunderbaren Erleben werden.

Das gilt natürlich im besonderen Maße auch, wenn Steine sich zu riesigen Formationen türmen, wenn sie majestätische Gipfel und tiefe Schluchten formen. Die Kommunikation mit diesen Steinen könnte mein Herz bei einer Bergwanderung so direkt berühren, dass es freudig zu tanzen beginnt und mich gleichzeitig Demut spüren lässt angesichts der Erhabenheit einer solchen Landschaft.

Die Vorstellung, dass auch ein Stein zur belebten Natur gehört, genau wie auch das Licht, die Luft, das Wasser, die Erde, die Sonne und alle Gestirne, hat in der Menschheitsgeschichte eine lange Tradition. Auch heute gibt es noch indigene Völker, z.B. das Volk der Mapuche in Südamerika, für die alles in ihrer Welt lebendig ist. Sie betrachten das ganze Universum als lebendigen Organismus, als ein *kosmisches WIR*. Dieses *WIR* umfasst die gesamte Schöpfung, in die natürlich auch alle Menschen eingebettet sind und zwar nicht als abtrennbare Teile, sondern als nicht abtrennbare Teilhabende. Wir wären gar nicht lebensfähig ohne das gemeinsame Ganze.

Das war dann wohl auch die grundlegende Vorstellung vom lieben Gott, und so hat er konsequenterweise erst das ganze Universum geschaffen und dann den Menschen. Ihm war klar, dass seine Schöpfung Mensch nur Sinn macht, wenn er den Menschen einbettet in das kosmische Ganze mit Sonne, Luft, Erde, Pflanzen und Tieren.

Dass der liebe Gott die Schöpfung in nur sechs Tagen gemacht haben soll, ist natürlich nicht wörtlich gemeint, sondern als Gleichnis zu verstehen. Sprache in Form von Gleichnissen wird in allen Religionen und spirituellen Traditionen verwendet, weil unsere Sprache für den Umgang mit Dingen entwickelt wurde und nicht, um etwas *nicht-Greifbares,* etwas *nicht-Begreifbares* zum Ausdruck zu bringen. So sind also religiöse Texte grundsätzlich niemals wörtlich zu verstehen, sondern immer nur als Gleichnisse oder Metaphern.

Wozu es führen kann, wenn Gemeinschaften ihre religiösen Texte wörtlich nehmen, sehen wir gerade am Beispiel der radikalen Strömungen im Islam.

Das Quantenmodell greift die Idee der Welt als lebendige Einheit auf, als kosmisches WIR. Im Gegensatz dazu steht das herkömmlichen materialistische Weltbild. Das materialistische Weltbild geht von folgender Reihenfolge aus. Zuerst war da die tote Materie. Aus der entwickelten sich dann irgendwann auf rätselhafte Weise lebendige Organismen. In den Körpern dieser Organismen entwickelte sich ein Gehirn und darin entwickelte sich dann auf ebenfalls sehr rätselhafte Weise unser Bewusstsein.

Beim Quantenmodell ist die Reihenfolge genau umgekehrt: Grundlage für alles Leben im Universum ist Bewusstsein. Aus diesem Bewusstsein entstehen in lebendigen Prozessen über das nicht-manifeste Potential sowohl *denken* und *wahrnehmen* als auch die *wirks*, die dann die Grundlage sind für die sogenannten Materie. Ich habe hier die drei kursiv geschriebenen Begriffe bewusst klein geschrieben, um zeigen, dass es sich hier nicht um Dinge sondern um kreative Prozesse handelt. Im Quantenmodell ist also nicht Materie sondern Bewusstsein die Grundlage aller Prozesse im Universum.

Dass Bewusstsein grundlegend ist, ist keine Theorie, sondern kann von jedem einzelnen von uns hier und jetzt überprüft werden. Dazu muss man einfach nur ins eigene Erleben schauen. Dann wird klar, dass unser Erleben Bewusstseinsprozesse sind. Gedanken, Wahrnehmungen und Gefühle kommen und gehen, sind flüchtige Bewusstseinsprozesse. Und wenn die Prozesse enden, bleibt Bewusstsein präsent als pures Bewusstsein ohne ein angehängtes *wovon* oder *worüber*. Es ist einfaches, grundlegendes Sein.

Die Vorstellung von einer Welt als ein kosmisches, lebendiges Ganzes, ist im Zuge der Aufklärung immer mehr durch das materialistische Weltbild ersetzt worden. Dazu hat auch das analytische Vorgehen insbesondere in den Naturwissenschaften beigetragen, das mit dem Messer des *entweder-oder* die lebendigen Zusammenhänge unserer Wirklichkeit immer wieder zerschnitten hat. Das Ergebnis davon ist, dass Teile des Lebendigen nun nicht mehr lebendig aussehen. Und dann erklärt man einfach diese leblos gemachten Teile zu toter Materie, und macht diese tote Materie dann paradoxerweise auch noch zur Grundlage unserer lebendigen Welt.

Natürlich ist unbestreitbar, dass die Wissenschaft auch Erkenntnisse hervorgebracht hat, die zu Fortschritten geführt haben und praktisch für unser Leben waren und sind. Aber insgesamt ging und geht die Entwicklung grundlegend in die falsche Richtung. Wenn man erst einmal lebendige Schöpfungsprozesse zu toter Materie erklärt, ist es nur noch ein kleiner Schritt zu grenzenloser Manipulation. Man kann sich zum Herren über die unbelebte und belebte Natur erklären, ihre Ressourcen nur für die eigenen Zwecke ausnutzen und zur Ausplünderung freigeben. Die Folgen dieser Art von Umgang mit unserem gemeinsamen, lebendigen Ganzen wird immer deutlicher sichtbar. Wir sind gerade dabei, unsere eigene Lebensgrundlage zu zerstören. Und wenn wir so weitermachen, könnten wir selbst bald für unser Aussterben als Menschen auf dieser Erde sorgen.

28

Halb kreiert / halb wahrgenommen

In den vergangenen Kapiteln habe ich einige Aspekte der erlebten Welt und der sogenannten materiellen Welt dargestellt, und ihre Verbindung über das nicht-manifeste Potential mit Hilfe des Quantenmodells deutlich gemacht. In diesem Kapitel möchte ich eingehen darauf, wie diese beiden Welten zusammenarbeiten bei dem was wir erleben. Beide Welten tauchen aus dem gemeinsamen nicht-manifesten Potential auf und sind somit immer untrennbar verbunden.

Normalerweise denken wir, dass z.B. eine Vase vor uns als feste Materie existiert und dass unsere Wahrnehmung davon nun ein Abbild macht und zwar 1:1. Diese Vorstellung von einer 1:1 Abbildung kann sehr einfach durcheinander gebracht werden, wenn wir die Vase z.B. durch eine Prismenbrille betrachten. Dann steht die Vase plötzlich auf dem Kopf. Und nicht nur die, sondern auch die ganze Umgebung.

Wahrnehmungen mit Prismenbrille wurden vom Prof. Ivo Koehler an der Universität in Innsbruck in einer umfangreichen Studie unter besonderen Bedingungen untersucht. Dazu trug die Versuchsperson 10 Tage lang ohne Unterbrechung eine solche Prismenbrille, mit der sie ihre Alltagswelt auf den Kopf gestellt erlebte. Der Fußboden war für sie jetzt oben und der Himmel unten. Da konnte sich die Versuchsperson zunächst im Alltag nicht ohne helfende Begleitung zurechtfinden. Aber dann geschah etwas Unerwartetes. Plötzlich sprang die Wahrnehmung ganz spontan zurück. Wie gewohnt war der Himmel jetzt wieder oben und die Erde wieder unten, obwohl die Versuchsperson weiter die Prismen-Brille trug. Dieses plötzlich Springen zurück zur normale Sehgewohnheit passierte am Anfang nur für kurze Momente. Im Laufe des Experiments wurden diese Phasen immer länger, so dass die Versuchsperson sich nach wenigen Tagen mit dem Fahrrad problemlos im Stadtverkehr bewegen konnte, obwohl sie dabei die ganze Zeit die Prismenbrille trug. Als die Versuchsperson die Prismen-Brille dann zum ersten Mal nach 10 Tagen abnahm, passierte etwas Unerwartetes. Die Wahrnehmung drehte sich erneut, d.h. die Welt stand nun ohne Umkehrbrille auf dem Kopf. Das Bild drehte sich jedoch nach wenigen Minuten erneut ganz spontan, so dass die Versuchsperson die Welt wieder wie vor dem Beginn der Versuche wahrnahm. Diese Untersuchungen sind u.a. dokumentiert in einem kurzen

Video[18]: *Die Umkehrbrille und das aufrechte Sehen*. Diese Versuche zeigen, dass Wahrnehmung ein kreativer Prozess ist, der abhängig von verschiedenen Bedingungen unterschiedliche Resultate zeigt.

Wenn also Wahrnehmung keine Abbildung 1:1 ist, sondern durch den Prozess von *wahrnehmen* das Gesehene kreativ verändert werden kann, dann stellt sich die Frage, was das Gesehene unabhängig vom Wahrnehmungsprozess sein könnte. Was ist dann z.B. eine Vase vor uns eigentlich? Was ist die Vase ohne den Wahrnehmungsprozess?

Hierzu kam eine Anregung zum Weiterdenken, als ich vor einiger Zeit eine Sendung über ein Korallenriff im Fernsehen geschaut habe. Diese Aufnahmen von Korallen und von farbenfrohen Fischen im kristallklaren Wasser waren einfach umwerfend. Während der Sendung kam dann auch ein Tourist zu Wort, der zum ersten Mal diese Unterwasserwelt mit Taucherbrille und Schnorchel erkundet hatte. Auf die Frage wie es denn war für ihn, antwortete er: *Ganz toll, wie im Fernsehen*. Diese Antwort hat mich zuerst überrascht, aber dann dämmerte es mir, dass die Antwort einen Hinweis gegeben hatte, was die Welt da draußen ohne den Wahrnehmungsprozess sein könnte.

Beim Fernseher ist der Bildschirm ein Mosaik aus winzigen roten, grünen und blauen Leuchtdioden. Jede Leuchtdiode blitzt beim Betrieb nun mit ihrer für die jeweilige Farbe zugehörigen Frequenz. Was hier in der materiellen Welt auf dem Bildschirm passiert, ist also das Aufblitzen von drei verschieden Frequenzen. Und das kann man auch durch Messungen verifizieren. Da können wir noch nicht von Farbe reden, die erscheint erst im Zusammenwirken mit dem Wahrnehmungsprozess. Das Erleben von Farbe gehört also zur Wahrnehmung und deshalb können wir auch im Traum ohne eine äußere materielle Welt Farben erleben. Wenn dann beim Fernseher ein Bildpunkt mit verschiedenen Mischungen aus den drei Frequenzen angeregt wird, entsteht im Wahrnehmungsprozess die jeweils zum Mischungsverhältnis passende Farbe. Wenn wir also das Korallenriffs im Fernsehen anschauen, wirken Prozesse der äußeren Welt und Prozesse von *wahrnehmen* der inneren Welt zusammen. Der Bildschirm kreiert Frequenzprozesse, die dann zusammen mit dem Wahrnehmungsprozess lebendiges Erleben schaffen. Erleben beim Fernsehen ist also *halb kreiert / halb wahrgenommen.*

Auch beim Schnorcheln blitzen im Zusammenwirken mit Sonnenlicht verschiedene Frequenzen an den Formen von Korallen und Fischen auf, und auch hier erscheint die Farbe erst im Zusammenwirken mit dem Wahrnehmungsprozess. Die Prozesse von *halb kreiert / halb wahrgenommen* sind also sowohl beim Fernsehen und beim Schnorcheln wirksam und so macht die Antwort *wie im Fernsehen* durchaus Sinn. Sie verweist darauf, dass unsere erlebte Welt beim Schnorcheln wie auch beim Fernsehen durch digitale Prozesse lebendig wird. Dabei gibt es jeweils auch einen Hintergrund, der immer präsent ist, unabhängig davon, welche Aktivität gerade von ihm ausgeht. So bleibt bei dieser Metapher der Bildschirm als Hintergrund unverändert davon, welches Programm gerade läuft. Auch im ausgeschalteten Zustand bleibt der Bildschirm unverändert präsent. Beim Schnorcheln ist dieser Hintergrund unser grundlegendes Sein, das unverändert bleibt, ob wir nun gerade einen bunten Fisch beim Schnorchel sehen oder beim Abendessen im Restaurant eine gegrillten Fisch genießen.

Halb kreiert / halb wahrgenommen ist bei allen Prozessen von *wahrnehmen* wirksam, beim *sehen, hören, riechen, schmecken und tasten,* und steht im Zusammenhang mit der Welt der fünf Elemente, die ich im folgenden Kapitel näher beleuchten möchte.

29

Begegnungen mit Wasser

Wenn zwei Wasserstoffatome, ein Sauerstoff-atom und ein Zündfunke zusammenkommen, entsteht Wasser. Nach dem Quantenmodell kann man diesen Prozess folgendermaßen beschreiben. Beide Gasatome verlieren bei jeder Auflösung ins nicht-manifeste Potential Billionen-fach pro Sekunde ihre Identität, werden zu *nicht-mehr-Wasserstoff* und zu *nicht-mehr-Sauerstoff*. Dort treffen sie dann auf den *nicht-mehr-Funken*, auf die Phase des Prozesses, bei der sich der Funke nach dem Aufblitzen wieder ins nicht-manifeste Potential aufgelöst hat. Dieses Auflösen ist die notwendige Voraussetzung für einen total neuen Anfang. Nur weil die drei Zutaten - Wasserstoff, Sauerstoff und der Zündfunke - ihre Eigenschaften im nicht-mani-festen Potential verloren haben, kann etwas völlig Neues aufblitzen: ein Wassermolekül. Das ist wirk-liche Kreativität. Das Wassermolekül hat dann auch nichts mehr gemein mit den Eigenschaften von Wasserstoff, Sauerstoff und der Eigenschaft des Zündfunken. Insofern passt die Beschreibung des Quantenmodells, dass Wasser aus *nicht-mehr-*

Wasserstoff und *nicht-mehr-Sauerstoff* besteht, besser zu unserer Alltagserfahrung mit Wasser als die Modellvorstellung der Chemie, bei der Wasser aus Wasserstoff und Sauerstoff besteht. Diese naturwissenschaftliche Modellvorstellung ist eher abstrakt. Die Formel H_2O weist eigentlich nur darauf hin, dass man Wasser aus zwei Teilen Wasserstoff und einem Teil Sauerstoff herstellen kann. Wasser ist also nicht die Summe seiner Teile, sondern weit mehr, nämlich etwas völlig anderes als die Summe seiner Teile.

In der Physik wird Wasser beschrieben als ein Stoff, der drei Aggregatzustände haben kann: flüssig, fest und gasförmig. Man kann Wasser aber auch so beschreiben, wie man seine speziellen Qualitäten erlebt. Wenn ich z.B. meine Hand ins Wasser eines Schwimmbeckens tauche, dann erlebe ich die umfließende Qualität des Wassers. Wenn ich dann einen Bauchklatscher vom Dreimeterbrett mache, erlebe ich dieses gleiche Wasser plötzlich völlig anders, nämlich als hart und solide. Diese Begegnung mit Wasser hinterlässt dann schmerzhafte, rote Flecken auf meiner Haut. Beim Schlittschuhlaufen kann ich sowohl die solide Qualität als auch die umfließende Qualität von Wasser erleben. Das solide Eis trägt mich, und gleichzeitig gleite ich auf einem dünnen Flüssigkeitsfilm aus geschmolzenem Eis sanft dahin. Wenn es schneit, begegne ich dem Wasser in Form von tanzenden Flocken, jede davon einzigartig, keine wie die andere.

Wenn ich einer solchen Schneeflocke begegne, dann ist auch mein Erleben einzigartig. Eine weiße Flocke setzt sich auf meinen Anorak, zeigt kurz ihre filigrane Form und schmilzt dahin. Wenn ich ein Glas heißes Wasser trinke, dann ist diese Begegnung mit Wasser wieder völlig anders. Hier erlebe ich die feurige Qualität des Wassers und seine luftige Qualität in Form von tanzenden Wasserdampfschwaden. Gleichzeitig erlebe ich auch seine umfließende Qualität, weil das Wasser die ihm dargebotene Form des Glases perfekt ausfüllt.

Wasser hat also vier Qualitäten, die ich über meine Wahrnehmungsprozesse erleben kann. Es kann sich solide, umfließend, luftig und feurig anfühlen. Diese Qualitäten werden auch als die vier Elemente bezeichnet: Erde, Wasser, Luft und Feuer. Dazu wird oft auch noch Raum als weiteres Element genannt, in dem die anderen vier Elemente sich jeweils manifestieren. Diese fünf Elemente sind als Potential immer da und blitzen abhängig von Bedingungen auf, z.B. bei Wasser und Minusgraden als solides Eis.

Alle fünf Elemente manifestieren sich aus der gemeinsamen Quelle, die auch Quelle für mein Erleben ist. Damit ist die direkte Verbindung von materieller und erlebter Welt von Beginn an da. Das Wasser eröffnet die Kommunikation, und es kann ein lebendiger Austausch der Elemente werden mit all meinen fünf Sinnen.

Ich kann Tautropfen glitzern sehen, ich kann einen Bach plätschern hören, ich kann Abwasser riechen und Salzwasser schmecken. Im direkten Kontakt mit meiner Haut kann ich Wasser besonders intensiv spüren, näher als nur haut*nah*.

Es gibt aber auch Begegnungen mit Wasser, die nicht über meine fünf Sinne gehen, z.B. im Traum. Auch im Traum kann ich einen Bergbach erleben, ohne dass eine materielle Wasserwelt präsent ist. Da nach dem Quantenmodell alles Erleben aus dem nicht-manifesten Potential kommt, muss das auch für den Bergbach im Traum gelten. Wenn dieser Traumbach mir bekannt ist, dann muss meine zurückliegende Begegnung mit dem Bach im Potential gespeichert gewesen sein, und wenn es ein völlig unbekannter Traumbach ist, dann war die Kreativität des nicht-manifesten Potentials hier ganz besonders gefragt.

Sie mögen jetzt vielleicht einwenden, dass die Wissenschaft das Erinnerungsvermögen im Gehirn ansiedelt, und zwar in den Regionen des Gehirns, die nachweislich während des Erinnerns aktiv sind. Aber die Tatsache, dass da Aktivität im Gehirn ist, bedeutet doch nur, dass da eine Korrelation besteht zwischen Gehirnaktivität und Erinnern. Dass diese Region des Gehirns dann auch der Speicherort ist, bleibt weiterhin nur eine Annahme.

Es gibt weitere Beispiele für Begegnungen mit Wasser, die ohne Kontakt mit einem der fünf Sinne stattzufinden scheinen. So findet z.B. eine Elefantenherde ein Wasserloch, das die Leitkuh der Herde über größte Entfernungen zielsicher ansteuert. Auch die Wanderung der Lachse zurück zum Quellgebiet des Flusses, in dem sie geschlüpft sind, ist eine solche Begegnung. Nachdem sie das Wasser ihrer Kinderstube verlassen haben und jahrelang verstreut in den Weiten der Ozeane herumgekommen sind, folgen sie einem Rückruf und machen sich auf eine lange Reise. Dabei sind das Timing und die Reiseroute so abgestimmt, dass Tausende und Abertausende von Lachsen nahezu gleichzeitig an der Mündung des Flusses ankommen, in dem sie vor Jahren geschlüpft sind. Von dort starten sie alle gemeinsam den beschwerlichen Weg flussaufwärts zu ihren Laichplätzen.

Der Zug der Lachse ist eines der vielen Wunder der Natur und ich bleibe hier erst mal gern bei meiner Verwunderung, und beschreibe einfach, was auf der Reise der Lachse sonst noch so passiert. Es sind nämlich nicht nur die Lachse unterwegs, sondern auch die Bären. Die machen sich schon auf den Weg zu den besten Fanggründen, bevor die Lachse dort eingetroffen sind und warten. Wenn die Lachse dann eintreffen, beginnt das große Festmahl. Die Lachse bereiten den vielen Bären an den Stromschnellen nicht nur ein köstliches Mahl, sondern versorgen die Bären auch mit dem nötigen Winterspeck, ohne den das Überleben der Bären in dieser Gegend nicht möglich wäre. Es ziehen aber immer noch genügend Lachse weiter, die dann im flachen Oberlauf des Flusses im Kiesbett flache Nestmulden bauen. Dort legen die Weibchen ihre Eier ab, die anschließend von den Männchen befruchtet werden. Auch diese Eier bilden eine wichtige Nahrungsgrundlage, z.B. für bestimmte Vogelarten. Aber es bleiben auch hier genug Eier übrig, aus denen dann Junglachse schlüpfen, die später im weiten Ozean herumziehen. Die Alten haben ihre Aufgabe erfüllt. Sie sterben gleich nach dem Ablaichen und lassen ihre Körper zurück als wichtige Lebensgrundlage für weitere andere Tierarten bis hinunter zu den Mikroben.

So kann man den Zug der Lachse auch betrachten als Akt der Großzügigkeit, als Akt selbstlosen Gebens. Ob die Lachse das selbst auch so sehen würden, ob oder was sie bei ihrem Zug flussaufwärts selbst erleben und fühlen, wird immer ihr Geheimnis bleiben. Wenn ich aber auf die Fakten schaue, einfach nur darauf, dass sich die Lachse bei ihrem Zug flussaufwärts unbeirrt vorwärts kämpfen und ihr Leben lassen zum Wohle anderer Lebewesen, dann kann ich sagen:

Der Zug der Lachse ist zuversichtlich und liebevoll.

30

Riechen - mal anders

Einige Wissenschaftler versuchen das Wunder der Lachswanderung wenigstens in Teilen zu erklären, z.B. mit der Vermutung, dass die Lachse über ihren guten Geruchssinn das Wasser des Flusses, in dem sie geboren wurden, riechen, und so zielsicher ihren Geburtsort ansteuern können. Bei Tausenden von Kilometern Entfernung von der Flussmündung und wechselnden Strömungen im Ozean, ist es wohl eher unwahrscheinlich, dass überhaupt ein Geruchsmolekül aus dem Flusswasser an die empfindliche Nase eines Lachses gelangt. Riechen als Hilfsmittel zur Orientierung beim Zug der Lachse kann man deshalb eigentlich ausschließen.

Auch Hunde haben eine sehr gute Nase und die kommt immer wieder bei Suchaktionen in Katastrophenfällen oder beim Aufspüren von Drogen zum Einsatz. Mittlerweile werden auch Hunde zum Verfolgen von Tätern ausgebildet.

Bei diesem sogenannten *mantrailing* schnüffelt der Hund an einer Geruchsprobe vom Täter und nimmt dann die Verfolgung auf.

Das Training solcher Hunde wurde kürzlich in einer umfangreichen Studie wissenschaftlich begleitet vom Gerichtsmedizinischen Institut der Universität Leipzig. Die Ergebnisse der Studie[19] zeigen, dass gut ausgebildete Hunde die Spur einer Zielperson verfolgen können und zwar mit einer Zuverlässigkeit von nahezu hundert Prozent. Es funktionierte auch dann noch, wenn der Hund Tage nachdem die Spur gelegt worden war, auf die *heiße Spur* gesetzt wurde. Selbst sechs Monate später konnte der Hund die Spur oft noch zuverlässig finden. Dabei zeigte er auch an, wo die Zielperson nicht gewesen war. Das alles hatte man so nicht erwartet. Konnte es nach sechs Monaten überhaupt noch Geruchsmoleküle geben, die der Hund hätte erschnüffeln können? Man entschloss sich, zu einem weiteren Experiment, bei dem der Hund zum Einstieg nicht einmal Duftmoleküle zum Schnüffeln bekam, sondern die DNA der Zielperson, die man vorher aus ihrem Blut gewonnen hatte. Die DNA ist vollkommen geruchslos, und dennoch haben die Hunde den Weg der Zielperson in den meisten Fällen richtig angezeigt. Was haben die Hunde nun *geschnüffelt?* Die Modellvorstellung, dass Geruchsmoleküle als Auslöser gewirkt haben, scheint so nicht mehr haltbar. Man stand vor einem Rätsel.

Auch das Quantenmodell kann dieses Rätsel nicht lösen, aber es bietet einen Ansatz, neu zu denken. In Kapitel 21 habe ich den Begriff der direkten Kommunikation erläutert. Sie findet statt im nicht-manifesten Potential, benötigt keine Sinnesorgane und passiert ohne Zeitverzögerung und vollständig. Einzelne ergänzende Aspekte der Kommunikation, wie z.B. Luftschwingungen beim *hören* oder Geruchsmoleküle beim *riechen* können die Botschaft bestätigen, die bereits immer schon aus dem nicht-manifesten Potential ganz direkt vorliegt, z.B. auch als gespeicherte Information.

Nach dem Quantenmodell ist alles mit allem im nicht-manifesten Potential immer verbunden, und so ist diese Verbundenheit, diese Kommunion, dieses *eins-Sein* als nicht-manifeste Phase des Kommunikationsprozesses immer wirksam. Man kann also den Zug der Lachse und das *mantrailing* von Hunden als Beispiele für diese direkte Kommunikation betrachten, bei der Sinneswahrnehmungen auch ohne materielle Grundlage zu funktionieren scheinen. Aber umgekehrt gibt es nach dem Quantenmodell keine Sinneswahrnehmung, bei der diese direkte Kommunikation nicht präsent ist.

Wenn ich z.B. aufs Meer schaue und den Wellen lausche und dabei ein tiefes Gefühl von *verbunden-Sein* hochkommt oder ich Wertschätzung, Wachheit, Dankbarkeit und Freude in mir spüre, dann sind das Anzeichen dafür, dass ich *eins-Sein* gerade ganz direkt erfahre. Es ist mein Herz, das die Verbindung zu dieser grundlegenden Quelle direkt erlebt. Ich sehe und höre mit den Sinnen und gleichzeitig mit dem Herzen. Das wusste auch schon der Fuchs im Buch von Antoine de Saint-Exupéry[20]: *Man sieht nur mit dem Herzen gut. Das Wesentliche ist für die Augen unsichtbar.*

Mit dem Herzen zu sehen ist immer möglich, also auch bei allen unseren alltäglichen Begegnungen. Ich nehme meine Mitmenschen über meine Sinne wahr und kann gleichzeitig auch unsere Verbindung direkt erleben. Wir teilen eine gemeinsame Grundlage, die unser Menschsein ausmacht. Wir können einfache Freundlichkeit uns selbst und anderen gegenüber erleben und wirkliche Empathie, die äußerst feinfühlig und zart ist. Auch wenn wir diese Herzverbindung oft kaum spüren, so ist sie doch ständig präsent, bei jeder Wahrnehmung, bei jedem Gedanken und bei jedem Gefühl. Diese Verbindung ist meistens wie hinter einem Vorhang verborgen. Wir können diese Verbindung nicht mit Worten beschreiben aber wir beziehen uns auf diese Verbindung wenn wir sagen *ich bin*. In Augenblicken von Überraschung oder wenn wir uns verlieben, wird, - wie von einem plötzlicher Windstoß: *Upps!, was war das?* - der Vorhang geöffnet zum *einfach da sein*, und wir können unsere Herzverbindung spüren.

31

Das ganze Universum tanzt

Neulich habe ich eine Dokumentation über die Wanderung der Sardinen gesehen. Dabei gab es besonders spektakuläre Aufnahmen vom Tanz der Sardinen. Beim Angriff von Raubfischen bilden die Fische einen dichten Schwarm, wohl auch um es den Angreifern schwerer zu machen, sich auf einen einzelnen Fisch zu konzentrieren. Dann macht der Schwarm plötzlich wie auf ein geheimes Kommando Ausweichmanöver und bildet immer neue Formationen: der ganze Schwarm tanzt. Dieser wunderbare Tanz braucht ein Höchstmaß an Kommunikation und Synchronisation. Aber es sind nicht nur die Fischleiber, die tanzen, auch das Wasser muss mittanzen und Platz machen für die tanzenden Körper der Fische. Dieses magische Zusammenspiel von Wasser und Fischkörpern ist nur möglich, weil alle einzelnen Fische und das Wasser in jedem Augenblick bereits über das nicht-manifeste Potential verbunden sind. So kann die Choreographie umgesetzt werden, und der magische Tanz ganz natürlich entstehen. Die Fischkörper und das Wasser sind dann wie zwei Partner bei diesem Tanz.

Der Tanz der Sardinen ist ein Beispiel für die magische Qualität, die alle Erscheinungen im gesamten Universum durchdringt. Tanzen im Universum basiert immer auf einer grundlegenden Schrittfolge: Raum&Form, gefolgt von Lücke, gefolgt von neuem Raum&Form. Es ist erstaunlich, was alles daraus entstehen kann: Steine, Planeten, Galaxien, jede Zelle unseres Körpers, unsere Augen und Ohren, unser Gehirn, die ganze Flora und Fauna mit all ihrer Vielfalt und ihrem Reichtum. All diese phantastischen Erscheinungen entstehen auf magische Art und Weise aus dem nicht-manifesten Potential in jedem Augenblick neu.

Und so wie das materielle Universum tanzt, tanzt auch mein erlebtes Universum, meine Wahrnehmungen, Gedanken und Gefühle. Dabei kommt die Aufforderung zum Tanz häufig aus der sogenannten materiellen Welt. Wenn Energieblitze von tanzenden Atomen beim Feuerwerk mich zum Tanz auffordern, dann tanzt mein Erleben mit, und ich kann lebendiges, farbiges Leuchten im offenen Raum genießen. Wenn tanzende Luft, entstanden bei der Vollbremsung eines Autoreifens, mich zum Tanz auffordert, dann tanze ich mit und kann lebendige, quietschende Geräusche im weiten Raum von Stille erleben.

Die Grundlage von all dem ist die Verbindung über das nicht-manifeste Potential. Dieses nicht-manifeste Potential ist wie eine Quelle, die jenseits aller konzeptionellen Vorstellungen ist, weil jedes Denken und Formulieren auch aus dieser Quelle kommt. Da gibt es nichts zu greifen, aber ich kann erleben, wie sich die Welt tanzend in jedem Augenblick neu und einzigartig manifestiert. Alles blitzt in jedem Augenblick frisch auf aus dieser Quelle, um sich danach sofort wieder in dieser Quelle aufzulösen.

In diesem Tanz gibt es den ständigen Wechsel von Auf und Ab. Das Auf ist verbunden mit Zuversicht und großzügigem Geben und das Ab mit Loslassen und Entspannung. Auf und Ab wirken ausgewogen und intelligent zusammen, sind Ausdruck der Energien in der Kommunikation zwischen der Quelle und all den einzigartigen Erscheinungen. Tanzen passiert ständig, einfach so, ist Ausdruck der Gesetzmäßigkeit im Universum und braucht keine Bedingungen. Deshalb sind Zuversicht, großzügiges Geben, Entspannung und Loslassen auch ohne Bedingungen. Und weil diese Energien ständig wirksam sind, können wir Zuversicht, großzügiges Geben, Loslassen und Entspannung auch direkt erleben, in all unseren Wahrnehmungen, Gedanken, Gefühlen und Handlungen.

Das hört sich alles ganz schön an, und Sie fragen sich vielleicht, was das alles mit Ihnen und ihrem Erleben im Alltag zu tun hat. Sicherlich gibt es bei allen von uns diese schönen Momente von Freude, Entspannung und Zuversicht, aber die sind nicht von Dauer. Und dann erleben wir Unzufriedenheit, Stress, Aggression, Eifersucht, Neid und andere unangenehme Gemütszustände. Und dann leiden wir. Irgendwie scheint sich dieses Leiden wie ein roter Faden durch unser Leben zu ziehen.

32

Leiden als Alarmsignal

Das ganze Universum tanzt, alles was im Universum aus dem nicht-manifesten Potential auftaucht ist immer neu und frisch, eine unendliche Vielfalt von Erscheinungen. Im materiellen Universum werden sie Galaxie, Schwerkraft, Baum oder Nase genannt, im erlebten Universum nennt man sie Gedanke, Gefühl, Stille, Geräusch, Farbe, Geruch... Alle Erscheinungen blitzen auf aus dem nicht-manifesten Potential, das wiederum eine einzige grundlegenden Quelle hat, die in vielen spirituellen Traditionen als grenzenloses Bewusstsein bezeichnet wird. Der bekannte Buchautor Rupert Spira schreibt dazu in seinem Buch *Bewusstsein ist alles*[22]: *Bewusstsein bezeugt nicht einfach jede Erfahrung. Es bringt sich selbst als jede Erfahrung zum Ausdruck ... Bewusstsein bezeugt, erfährt und äußert sich von Moment zu Moment und wenn keine Objekte gegenwärtig sind, verbleibt es einfach so, wie es immer ist.*

Bewusstsein ist wie Wasser im Ozean. Es ist präsent, und zwar unabhängig davon, ob die Oberfläche des Ozeans ruhig ist oder aktiv in Form von Wellen. Bewusstsein ist unsere Natur, dieses *eins Sein*, aus dem Liebe, Mitgefühl und gesellschaftliches Miteinander ganz natürlich aufblitzen. Es ist wie die Sonne, die aus sich selbst heraus leuchtet, einfach dadurch, dass sie präsent ist. So ist das grenzenlose Bewusstsein einfach nur da und erleuchtet alles ohne zu unterscheiden.

Dass dieses Bewusstsein grenzenlos ist, bedeutet, dass es keine Grenze gibt, die hier und dort trennt. Und so kann das grenzenlose Bewusstsein prinzipiell auch nur über sich selbst wissen, denn um über etwas anderes als sich selbst zu wissen, muss es eine Grenze geben und einen Abstand zwischen Subjekt und Objekt. Deshalb kann z.B. das Auge auch nur etwas erkennen, wenn ein Objekt einen Abstand zum Auge hat. Beim grenzenlosen Bewusstsein gibt es zunächst keine Grenze und kein hier und dort, aber das grenzenlose Bewusstsein kann spielerisch einen Ableger von sich kreieren, das sogenannte *begrenzte Bewusstsein*. Dieses begrenzte Bewusstsein kann dann wissen über Phänomene, also über Manifestationen, die aus dem grenzenlosen Bewusstsein aufblitzen. Um diese Zusammenhänge zu verdeutlichen, kann auch hier das Quantenmodell hilfreich sein.

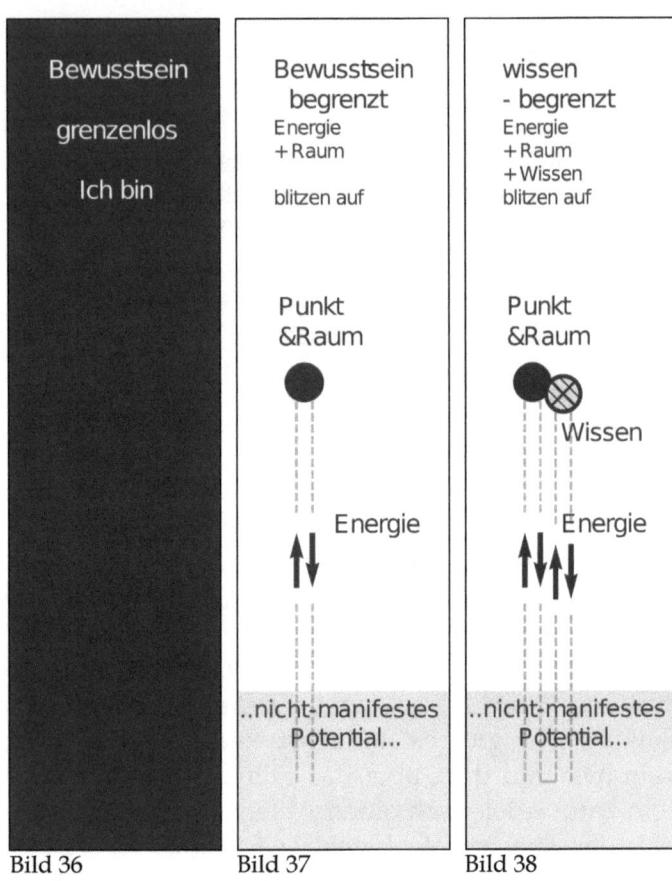

Bild 36   Bild 37   Bild 38

Bild 36 zeigt das grenzenlose Bewusstsein als schwarze Fläche. Die steht hier symbolisch für das grenzenloses Sein, dass ohne Dimensionen, und ohne Objekte immer präsent ist als pures Wissen.

Aus dieser Quelle, dem grenzenlosen Bewusstsein, blitzt nun der Prozess *begrenztes Bewusstsein* auf. Dazu blitzt im ersten Schritt Raum auf, in Bild 37 dargestellt als weiße Fläche, die die schwarze Fläche aus Bild 36 weitgehend abdeckt, so dass nur noch ein schwarzer Punkt vom grenzenlosen Bewusstsein bleibt. Und weil der schwarze Punkt Teil der schwarzen Fläche aus Bild 36 ist, bleibt das grenzenlose Bewusstsein im schwarzen Punkt präsent, wird sozusagen zum Ableger des grenzenlosen Bewusstseins, zum *begrenzten Bewusstsein*. Damit kann nun Wissen über Phänomene aufblitzen, die aus dem grenzenlosen Bewusstsein auftauchen. Dieses Wissen ist in Bild 38 als grauer Punkt dargestellt. Dieser liegt eigentlich am gleichen Ort wie der schwarze Punkt und würde diesen in der Graphik überdecken. Um den schwarzen Punkt wieder sichtbar zu machen, ist der graue Punkt hier leicht versetzt dargestellt.

Mit diesem Wissen des begrenzten Bewusstseins können wir nun alle Prozesse anschauen, die aus dem grenzenlosen Bewusstsein auftauchen. Wenn wir dann aber zurückschauen auf die Quelle, aus der dieses Wissen kommt, ist da ein blinder Fleck. Da gibt es nichts zu finden, weil diese Quelle keine objektiven Qualitäten hat, die man erkennen und beschreiben könnte. Grenzenloses Bewusstsein ist *Leerheit*, ist leer von objektiven Eigenschaften.

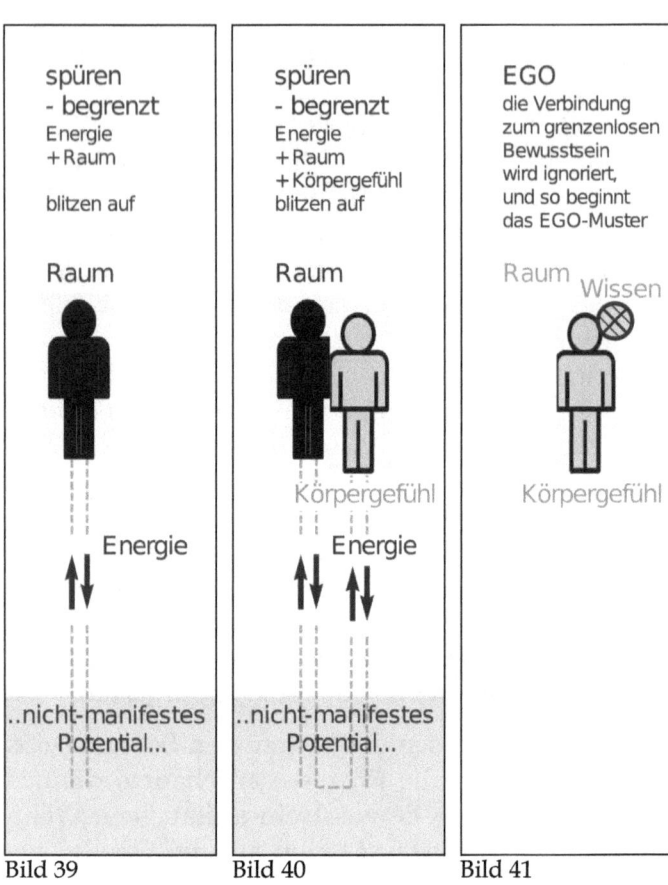

Bild 39   Bild 40   Bild 41

Nach dem gleichen Muster wie der Prozess *wissen* blitzt auch der Prozess *spüren* aus dem grenzenlosen Bewusstsein auf. Dazu blitzt im ersten Schritt auch wieder Raum auf, in Bild 39 dargestellt als weiße Fläche mit einem Ausschnitt in Körperform. Diese weiße Fläche deckt nun die schwarze Fläche aus Bild 36 weitgehend ab, so dass das Schwarz des grenzenlosen Bewusstseins nur noch als schwarze Körperform sichtbar bleibt. Dann blitzt das Körpergefühl auf, in Bild 40 als graue Figur dargestellt. Die steht symbolisch für unser mental erlebtes Körpergefühl im Raum. Die graue Körperform blitzt auch hier am selben Ort wie die schwarze auf und würde diese in der Graphik überdecken. Deshalb ist die graue Körperform hier auch wieder leicht versetzt dargestellt.

Die Bilder 39 und 40 zeigen auch hier wieder das nicht-manifeste Potential als graue Fläche im unteren Teil der Graphik. Dieses nicht-manifeste Potential ist wie ein Feld von Möglichkeiten, durch das sich das grenzenlose Bewusstsein mit seiner strahlenden Aktivität in mannigfaltigen Variationen von Bewusstseinsformen ausdrückt. Dazu gibt es detaillierte Erläuterungen im Buddhismus z.B. von Trangu Rinpoche[23].

Bild 40 zeigt den Prozess *spüren* und Bild 38 den Prozess *wissen*. Wenn beide Prozesse synchronisiert sind, erlebe ich ein Körpergefühl und weiß auch, dass ich erlebe und was ich erlebe. Es entsteht so etwas wie ein *begrenztes Ich*. Das steckt nun den Kopf heraus aus all dem chaotischen Aufblitzen und kann nun neugierig auf all die Manifestationen schauen, die aus dem grenzenlosen Bewusstsein auftauchen. Es kann einfach sein mit all dem was auftaucht und gleichzeitig in Verbindung bleiben mit dem grenzenlosen Bewusstsein als *ich bin*.

Aber wenn das *begrenzte Ich* das aufblitzende mentale Körpergefühl irrtümlich für seinen eigenen, soliden Körper hält, gerät plötzlich alles ins Kippen. Das Aufblitzen all der verschiedenen Phänomene ist überwältigend, und so wird die Quelle, aus der das ganze digitale Gewusel kommt, ignoriert. Durch dieses Ignorieren der Verbindung zum grenzenlosen Bewusstsein entsteht ein Gefühl getrennt zu sein, und wenn dieses Gefühl immer wieder aufblitzt, denken wir dann, dass wir tatsächlich getrennt sind von unserer grundlegenden Natur, von einfach da sein. So wird aus dem begrenzten Ich, dem Zusammenwirken der Prozesse von Bild 38 und Bild 40, ein abgetrenntes Ich, das *Ego* genannt wird (Bild 41). Wir fühlen uns dann als separates Ich und das Wissen des begrenzten Bewusstseins als unser eigenständiges Wissen in unserem Kopf. Wir denken uns selbst als dauerhaft und unabhängig und betrachten unsere Welt dann auch als dauerhaft und getrennt von uns.

Wie sich Ego aus dem grenzenlosen Bewusstsein entwickelt, wird manchmal auch mit der Metapher vom Träumen erklärt. Wenn ich nachts einschlafe und von einer Unterhaltung mit meinem Freund träume, tauchen mein Freund und ich beide als Traumfiguren aus dem gleichen Bewusstsein auf, aus dem Bewusstsein des Träumenden. Das passiert in gleicher Weise auch bei einer Begegnung mit meinem Freund im Alltag. Auch hier manifestieren sich mein Freund und ich beide gleichermaßen aus einem Bewusstsein, diesmal aus dem grenzenlosen Bewusstsein. Im Buddhismus wird dieser Prozess beschrieben mit den Begriffen Gleichheit und Reinheit. Gleichheit meint hier: manifestiert nach dem gleichen Muster aus der gleichen Quelle, dem unteilbaren Ganzen. Und Reinheit meint hier: manifestiert aus einer Quelle von reinem Wissen, ein pures, grenzenloses Wissen, das nur über sich selbst wissen kann. Wenn ich also tagsüber meinen Freund treffe und mit ihm spreche, dann passiert dieses Treffen wie in einem Traum, den das grenzenlose Bewusstsein träumt. Wenn ich das Traumhafte dieser Begegnung nicht erkenne, sondern irrtümlich denke, dass mein Freund und ich unabhängig vom grenzenlosen Bewusstsein existieren, bin ich im Ego-Muster gefangen.

Die erlebte Welt des Ego basiert also auf dem Irrtum, getrennt zu sein vom grenzenlosen Bewusstsein, und manifestiert sich auf sehr unterschiedliche Weise. So kann auch der Gedanke aufkommen, dass Ego selbst die Welt erschafft und regiert. Diese Art, wie Ego dann auf die Welt schaut, ist im Buch *Der kleine Prinz* sehr humorvoll beschrieben. Da trifft der Kleine Prinz einen König auf dessen winzigem Planeten. Der König ist froh, endlich einen Untertanen zu haben, und es kommt zu einer angeregten Unterhaltung. Dabei äußert der König, dass er die Welt regieren könne, und dass die Welt dabei auch seine Befehle befolgen würde.

Daraufhin bittet der Kleine Prinz den König[21]: ... *machen Sie mir die Freude ... befehlen Sie der Sonne unterzugehen.* Und er fragt dann wenig später, wann das denn sein würde. *Hm, hm! antwortete der König, der zunächst eine großen Kalender studierte, hm, hm! das wird sein gegen ... gegen ... das wird heute abend gegen sieben Uhr vierzig sein! Und du wirst sehen, wie man mir gehorcht.*

Damit wir als Menschen uns selbst und eine Welt da draußen erleben können, muss das grenzenlose Bewusstsein also gewissermaßen einschlafen und sich selbst vergessen. Dabei entsteht irrtümlich ein Gefühl von getrennt sein, und dieses Gefühl bleibt wie eine offene Wunde präsent, solange wir diesen Irrtum nicht erkennen. Und diese offene Wunde erzeugt in uns ständig die Sehnsucht, uns wieder zu verbinden mit dieser Quelle von *ein*fach sein. Doch dabei müssen wir zwangsläufig immer wieder scheitern, weil es nichts zu verbinden gibt, weil es nie eine Trennung gab von dieser Quelle. Diese vergeblichen Versuche, uns wieder zu verbinden, führen zu Frustration und zu allen möglichen Arten von Leiden. Leiden ist unangenehm und schmerzlich, und wir würden es gern loswerden. Aber Leiden wirkt auch als eine Art von Alarmsignal dafür, dass wir einem Irrtum aufgesessen sind. Leiden macht uns darauf aufmerksam, dass wir bei unserem Wunsch glücklich zu sein in die falsche Richtung gegangen sind.

Wir haben versucht unser Glück zu erzeugen anstatt zu erkennen, dass glücklich zu sein bereits immer schon für uns bereit liegt als unsere grundlegende Natur.

Leiden ist wie graue Wolken, die den blauen Himmel, unser grundlegendes zufrieden-Sein, verdeckt. Wenn sich eine Wolkenlücke auftut, sieht es so aus, als ob grau geht und blau kommt, als ob Leiden und Zufriedenheit vergleichbare Zustände sind, die sich einfach nur abwechseln. Die Metapher vom Himmel und den Wolken zeigt aber einen grundlegenden Unterschied. Der Himmel ist immer da, unsere grundlegende Natur, zufrieden zu sein oder glücklich zu sein, ist immer da, und zwar unabhängig davon, ob temporär Wolken da sind oder nicht. Und dieser Himmel ist wie eine Quelle, aus der Zufriedenheit, Klarheit, Lebendigkeit, Offenheit und Einzigartigkeit spielerisch heraussprudeln, sobald sich eine Wolkenlücke auftut.

Manchmal reißt die Wolkendecke ganz unvermittelt auf, und plötzlich *Upps!* ein kurzes Erleben von einfach da sein. Aber wenn wir dann zurückschauen, um zu ergründen was da war, können wir nichts finden. Und das ist eine ganz wichtige Erkenntnis, denn es ist grundsätzlich unmöglich, etwas zu finden, weil das grenzenlose Bewusstsein keine Eigenschaften hat. Es ist leer von objektiven Eigenschaften.

Aber es ist trotzdem wichtig, immer wieder zurück zu schauen in diese Quelle unseres Erlebens, weil wir in einem solchen Moment von *nichts finden* in ganz direktem Kontakt mit der Quelle sind und wissen: *ich bin.*

Und wenn wir dann einfach mit dieser Einsicht und Präsenz weitergehen, hat sich etwas geändert. Die Wolken bedecken jetzt zwar wieder den offenen Himmel, und auch unser alter Bekannter, der getrennte Beobachter, hat seine Arbeit wieder aufgenommen und kommentiert und bewertet fleißig, was auftaucht. Aber nach der plötzlichen Einsicht bleibt eine Art Nachklang, ein Gefühl von mehr Offenheit, in der unser Erleben *ein*fach passiert, und der Gedanke taucht auf, dass es ganz unnötig ist, alles ständig zu kommentieren und zu bewerten. So könnten wir dann entspannen und einfach da sein, zufrieden sein, *in Frieden sein* mit dem, was gerade auftaucht.

33

Zusammenfassung

Das grenzenlose Bewusstsein ist in Bild 36 als schwarze Fläche mit der Inschrift *Ich bin* dargestellt. Dieses *Ich bin* repräsentiert das grenzenlose Bewusstsein, aus dem unsere erlebte innere und äußere Welt spontan auftauchen. Diese Quelle ist für jeden Menschen dieselbe, und daher ist dieses grenzenlose Bewusstsein auch nicht-persönlich, oder mehr als nur persönlich. Eine der bekannten Rezitation im Buddhismus bezieht sich auf dieses unveränderliche *Ich bin*: *Möge Ich alle Wesen befreien*, oder anders formuliert: Möge das grenzenlose Bewusstsein, das ich grundlegend bin, alle Wesen befreien. Dieses mehr als nur persönliche, grenzenlose Bewusstsein als *Ich bin* sollte nicht verwechselt werden mit dem individuellen Selbst oder Ego, das unser Geist ständig neu erfindet, und das unsere Verbindung zum grenzenlosen Bewusstsein verschleiert.

Das grenzenlose Bewusstsein manifestiert sich ständig spielerisch als begrenztes Bewusstsein, und so können wir eine sogenannte äußere Welt erleben und ihrer gewahr sein. Rupert Spira, der *Bewusstsein* und *Gewahrsein* synonym verwendet, schreibt dazu[24]: *Der erste Schritt besteht darin, Gewahrsein als Zeugen der eigenen Erfahrung wahrzunehmen. Doch dieser Zeuge kann immer noch begrenzt sein oder sich so anfühlen, als befände er sich im Kopf. Der zweite Schritt ist, dass der Zeuge seine Verortung verliert. Wo man ihn zuvor im Raum hinter den Augen vermutete, spürt man ihn nun überall im Raum. Dies ist jedoch lediglich der Versuch des Geistes, das Gefühl der Nicht-Lokalisierbarkeit auf eine Weise zu erklären, die mit seinem Glauben an Zeit und Raum vereinbar ist. Das Gewahrsein, das wir im Wesentlichen sind, ist weder winzig noch im Kopf lokalisiert, noch ist es unermesslich groß oder überall im Raum – es ist grenzenlos. Unermesslich bedeutet „endlos in alle Richtungen ausgedehnt", grenzenlos hingegen „ohne Dimensionen". Mit anderen Worten: Es befindet sich nicht in der Zeit und dem Raum, die aus der Sicht unseres begrenzten Geistes real erscheinen. Die Aussagen, dass Gewahrsein unermesslich, weit oder leer ist, sind also zwar berechtigt, letztendlich aber unwahr – sie sind der Versuch, das grenzenlose Gewahrsein vom Standpunkt unseres begrenzten Geistes aus zu beschreiben.*

Wenn unser begrenzter Geist auf jene Quelle zurückblickt, aus der alles Erleben auftaucht, ist da ein blinder Fleck. Es gibt dort nichts zu finden, weil grenzenloses Bewusstsein keine objektiven

Merkmale besitzt. Aber wenn wir beim Zurück-schauen diesen blinden Fleck erleben, kann eine wichtige Erkenntnis aufblitzen: für diesen Augen-blick gibt es grundsätzlich keine Worte, aber er ist immer präsent, bei allem was wir erleben. Wir wissen immer, dass wir wahrnehmen, denken oder fühlen und zwar unabhängig vom Inhalt. Das *Ich bin* ist immer als Zeuge allen Erlebens präsent. Manchmal blitzt grenzenloses Bewusstsein ganz unmittelbar auf, und wir wissen dann mit großer Klarheit: *Sein ist,* oder *Ich bin.*

Das Quantenmodell veranschaulicht eindrück-lich, dass die Quelle des gesamten Universums grenzenloses Bewusstsein ist, und wie sich sowohl die erlebte als auch die sogenannte materielle Welt in kreativen Prozessen daraus manifestieren. Alle Phänomene, die in den beiden Welten auftau-chen sind Ausprägungen des grenzenlosen Bewusstseins, entstehen nach dem gleichen Muster, manifestieren sie aber sich sehr unter-schiedlich.

Für die erlebte Welt sind diese kreativen Prozes-se die verschiedenen Bewusstseinsarten, die im Buddhismus als die fünf Sinneswahrnehmungen *sehen, hören, riechen, schmecken und tasten* sowie als sechstes Bewusstsein, *denken, fühlen und spüren* beschrieben werden. Für die materielle Welt sind diese kreativen Prozesse die *wirks* (Kapitel 26). Wenn *wirks* aufblitzen, manifestiert sich die soge-nannte materielle Welt als die fünf Elemente Erde, Wasser, Feuer, Luft und Raum, die dann zusammen mit dem Aufblitzen der Sinneswahrnehmungen beispielsweise als Festigkeit von Materie erlebt werden. So wird die sogenannte materielle Welt zur erlebten Welt, *halb erschaffen und halb wahrgenommen*. Dieser Teil der erlebten Welt wird auch als äußere Welt bezeichnet, die wir mit allen Menschen teilen. Dann gibt es noch einen anderen Teil unserer erlebten Welt, die sogenannte Innenwelt aus *denken, fühlen und spüren*, und diese Welt kann nur jeder Einzelne ganz persönlich erleben und wissen.

Das Quantenmodell ist ein Gegenmodell zur herkömmlichen Modellvorstellung, dem materialistischen Weltbild. Im materialistischen Weltbild soll sich alles aus Materie entwickelt haben, und aus dieser toten Materie soll dann irgendwann Leben entstanden sein, dann Lebewesen mit Gehirnen und in diesen Gehirnen auf unerklärliche Weise dann das Bewusstsein. Bei näherer Betrachtung kann man erkennen, dass es eigentlich absurd ist, Materie als Grundlage des Universums anzunehmen, denn bis heute hat niemand jemals so etwas wie reine Materie gefunden. Auch die moderne Physik sagt heute, dass Materie nicht existiert[09]. Wenn wir dagegen von Bewusstsein als Grundlage ausgehen, wissen wir sicher, dass es Bewusstsein gibt, weil Bewusstsein bei allem was wir erleben präsent ist. Mit Bewusstsein als Grundlage können wir dann unsere tiefverwurzelte, materialistische Sichtweise immer wieder hinterfragen, denn nur mit einer richtigen Sicht auf die

Welt können wir uns auch in die richtige Richtung aufmachen und wirklich hilfreich sein für die Welt. Und wenn wir dann achtsam auf unsere innere und äußere Welt schauen, können wir vielleicht spontan erkennen, was wirklich ist: *Sein ist* - und aus dieser Quelle der Ruhe taucht unser erlebtes Universum ganz spontan auf und zieht vorbei.

Um das so zu erleben, sind Achtsamkeit und Gewahrsein gefragt. Achtsamkeit und Gewahrsein sind Fähigkeiten, die jeder Mensch grundlegend von Natur aus hat. Wenn wir diese Grundlagen z.B. durch Meditation stärken, gibt es die Chance, waches Aufblitzen von Offenheit, Klarheit, Lebendigkeit und Einzigartigkeit öfter mal spontan zu erleben.

Für eine Entdeckungsreise zu diesem wachem Erleben ist eine gute Wegbeschreibung und Unterstützung durch erfahrene Mitreisende sehr hilfreich. Reisen muss aber jeder selbst. Das beste Fahrzeug für diese persönliche Reise ist die Achtsamkeitsmeditation. Jeder kann sie erlernen und praktizieren. Für eine Einführung in diese Meditation ist es am besten, Anweisungen dazu von einem erfahrenen Meditationsmeister zu erhalten, der aus einer authentischen Tradition kommt, z.B. aus dem tibetischen Buddhismus.

Hinweise

Weitere Infos zu den Themen dieses Buches und zu weiteren ergänzenden Themen finden Sie auf der Website des Autors: www.lumido.de

Fundstellen

[01] *Das Herz des Buddha*
Chögyam Trugpa   Seite 37

[02] *Nada Brama - Die Welt ist Klang*
Joachim E. Behrendt , Seite 71

[03] *I am always I*
Rupert Spira Seite 37-40

[04] *Wir erleben mehr als wir begreifen*
Vortrag von Prof. Dr. Hans-Peter Dürr
https://www.youtube.com/watch?
v=I-4PFo487m0

[05] *DEN ALLTAG ERLEUCHTEN*
Sakyong Mipham - Seite 63

[06] *DAS SHAMBHALA PRINZIP*
Sakyong Mipham - Seite 159

[07] *The Lost Art of Good Conversation*
Sakyong Mipham - page 219, übersetzt vom Autor

[08] *DAS SHAMBHALA PRINZIP*
Sakyong Mipham – Seite 64

[09] *ES GIBT KEINE MATERIE*
Hans-Peter Dürr
[10] ebd. Seite 84

[11] *Mulamadhyamakakarika*
siehe Nagarjuna bei Wikipedia

[12] *Nada Brama – Die Welt ist Klang*
Joachim E. Behrendt - Seite 71

[13] *WARUM ES UMS GANZE GEHT*
Hans-Peter Dürr
"Kopenhagener Deutung" Seite 91
[14] ebd. Seite 98

[15] *Wir erleben mehr als wir begreifen*
Hans-Peter Dürr und Marianne Oesterreicher
Seite 119
[16] ebd. Seite 13

[17] *Es gibt nichts Unschöpferisches*
Prof. Dr. Hans-Peter Dürr im Apha-Forum
https://www.youtube.com/watch?v=Lhku7ZBWEK8

[18] *Die Umkehrbrille und das aufrechte Sehen*
Theodor Erisman und Ivo Koehler
https://www.youtube.com/watch?v=JQJ5SFnytfo

[19] *Individual human scent as a forensic identifier*
using mantrailing (Woidtke, Dressler, Babian)
Forensic Science International (2018), S. 111-121

[20] Der Kleine Prinz
Antoine de Saint-Exupéry
Seite 72
[21] ebd. Seite 40-41

[22]*Bewusstsein ist alles*
Rupert Spira - Seite 202
übersetzt vom Autor

[23] *Transcending Ego -*
Distinguishing Consciousness from Wisdom
Trangu Rinpoche
https://archive.org/details/transcendingegodis-
tinguishingconsciousnessfromwisdomofrangjung-
dorjecommentaryoft_255_E

Zeitfracht Medien GmbH
Ferdinand-Jühlke-Straße 7
99095 Erfurt, Deutschland
produktsicherheit@kolibri360.de